Die Klausur im Strafrecht

In strafrechtlichen Klausuren wird nach der Strafbarkeit von Personen gefragt. Dafür sind die Voraussetzungen eines oder mehrerer Straftatbestände, ergänzt durch Vorschriften des Allgemeinen Teils zu prüfen. Die Rechtsfolge, also Art und Höhe der Strafe, spielt in Klausuren im ersten Examen keine Rolle.

Beispiel: Der Straftatbestand der Körperverletzung (§ 223 Abs. 1) lautet: „Wer eine andere Person körperlich misshandelt oder an der Gesundheit schädigt ..." Nicht zu erörtern ist die Rechtsfolge „... wird mit Freiheitsstrafe bis zu fünf Jahren oder mit Geldstrafe bestraft." Das Erfordernis vorsätzlichen Handelns ergibt sich aber noch nicht aus § 223 Abs. 1, sondern aus der allgemeinen Regelung in § 15.

Paragrafen ohne Gesetzesangabe sind solche des StGB.

Dieser Überblick behandelt im 1. Teil prüfungsrelevante Tatbestände aus dem Bereich der Tötungs- und Körperverletzungsdelikte. Tatbestandsübergreifende Grundsätze und Tatbestandsmodifizierungen durch den Allgemeinen Teil werden im 2. Teil dargestellt.

Jede Prüfung eines Straftatbestandes beginnt mit einem **Obersatz**. In diesem werden die Person des Täters, die Norm und die Bezeichnung des Straftatbestandes sowie das tatsächliche Verhalten, durch das der Täter den Straftatbestand verwirklicht haben könnte, mitgeteilt.

Es ist in der Klausur nicht erforderlich, für jeden dieser Punkte Überschriften zu bilden. Auch können z.B. Rechtswidrigkeit und Schuld zusammengefasst werden, wenn diese Punkte unproblematisch sind.

Beispiel: Ein Obersatz zur Prüfung einer Körperverletzung könnte lauten: „T könnte sich wegen Körperverletzung gemäß § 223 Abs. 1 strafbar gemacht haben, indem er O schlug."

Anschließend werden die einzelnen Voraussetzungen des Straftatbestandes (die Tatbestandsmerkmale) geprüft. Sie ergeben sich zunächst aus der jeweiligen Norm des Besonderen Teils des StGB und aus ergänzenden oder konkretisierenden Regelungen des Allgemeinen Teils (z.B. der Vorsatz aus § 15). Der Allgemeine Teil kann auch die in den Straftatbeständen des Besonderen Teils genannten Voraussetzungen modifizieren. In solchen Fällen ist dies schon im Obersatz deutlich zu machen.

Beispiel: Für eine Strafbarkeit wegen versuchter Körperverletzung muss der Täter das Opfer nicht körperlich misshandelt oder an der Gesundheit geschädigt haben. Es reicht aus, wenn er dies versucht hat. Der Obersatz einer versuchten Körperverletzung könnte also lauten: „T könnte sich einer versuchten Körperverletzung nach §§ 223 Abs. 1 und 2, 22, 23 Abs. 1 strafbar gemacht haben, indem er nach O schlug."

Bei der Prüfung von Tatbestandsmerkmalen sollten diese so bezeichnet werden, wie sie im Gesetz stehen. Ist ein Tatbestandsmerkmal unproblematisch erfüllt, reicht es aus, dies unter Bezugnahme auf den Sachverhalt in einem Satz festzustellen. Auch kann es sich anbieten, unproblematisch gegebene Tatbestandsmerkmale mit anderen zusammen zu prüfen.

Beispiel: Im Rahmen einer Prüfung des § 212 Abs. 1 könnte man schreiben: „T hat O, einen Menschen, getötet, indem er ihn erstochen hat."

Nur wenn man den Sachverhalt nicht ohne Weiteres unter das gesetzliche Merkmal subsumieren kann, muss das Merkmal näher erläutert werden. Dann ist es jedoch überflüssig, sein gesamtes Wissen zum Tatbestandsmerkmal darzustellen. Relevant sind nur Erläuterungen, die deutlich machen, warum der Sachverhalt unter das gesetzliche Merkmal zu subsumieren ist. Die Prüfung erfolgt dann in vier Schritten im Gutachtenstil : Obersatz, Definition, Subsumtion und Ergebnis.

Am Anfang des Studiums kann es allerdings erforderlich sein, auch unproblematische Merkmale ausführlicher darzustellen, um zu zeigen, dass man den Gutachtenstil anwenden kann. Typisch hierfür ist die Prüfung der Kausalität und objektiven Zurechnung.

Beispiel: Geht es um die Tötung des ungeborenen Kindes O, dessen Mutter bereits in den Geburtswehen lag, könnte das Merkmal „Mensch" im Rahmen des § 212 Abs. 1 wie folgt geprüft werden: „Bei O müsste es sich um einen Menschen im strafrechtlichen Sinne gehandelt haben. Aus der Existenz des § 218 Abs. 1, der die Leibesfrucht schützt, folgt, dass der strafrechtliche Schutz als „Mensch" erst beginnt, wenn das Tatopfer keine Leibesfrucht mehr ist. Dieser rechtliche Übergang wird in dem Beginn der Geburt bzw. genauer in dem Beginn der Wehen zur Eröffnung des Gebärmuttermundes gesehen. Als O starb, war dessen Geburt zwar noch nicht abgeschlossen, jedoch hatten bei der Mutter bereits die Eröffnungswehen begonnen. O war daher nach den Eröffnungswehen bis zu seinem Tod ein Mensch."

Die Definition, dass ein Mensch vor seiner Geburt ab Beginn der Eröffnungswehen als solcher anzusehen ist, ist in diesem Fall relevant, um den Sachverhalt unter das gesetzliche Merkmal „Mensch" zu subsumieren. In den allermeisten anderen Fällen ist sie jedoch irrelevant und daher nicht zu erwähnen. Ebenso müsste in diesem Fall nicht ausgeführt werden, was Menschen überhaupt von anderen Lebewesen unterscheidet oder ab wann ein Kind, das per Kaiserschnitt zur Welt kommt, als Mensch im Sinne der Tötungsdelikte anzusehen ist.

Verwirklicht ein Täter mehrere Straftatbestände oder einen Straftatbestand mehrfach, macht er sich nicht automatisch wegen aller verwirklichten Straftatbestände strafbar. Es kann vielmehr sein, dass einige Straftatbestände hinter andere Straftatbestände „im Wege der Gesetzeskonkurrenz" zurücktreten. Welche Regeln für das **Konkurrenzverhältnis** gelten und wie sie im Rahmen eines Gutachtens berücksichtigt werden, wird am Ende des 2. Teils dargestellt.

Dieser Überblick dient als Einstieg in das Strafrecht und die strafrechtliche Klausurbearbeitung am Anfang des Studiums. Als weiterführende Literatur in den Folgesemestern bieten sich die AS-Skripte Basiswissen Strafrecht AT und Strafrecht BT an. Auf Examensniveau bewegen sich die vier AS-Skripte zum Allgemeinen und Besonderen Teil des StGB. Prüfungsschemata finden Sie im Skript Aufbauschemata Strafrecht/StPO. Über aktuelle Rechtsprechung informiert Sie die monatlich erscheinende Ausbildungszeitschrift RÜ, die neue Entscheidungen aus allen Rechtsgebieten klausurmäßig aufbereitet.

1. Teil: Tötungs- und Körperverletzungsdelikte

Grundlage jeder strafrechtlichen Prüfung ist der **dreistufige Aufbau** mit den Gliederungsebenen **Tatbestand, Rechtswidrigkeit und Schuld**, der – soweit erforderlich – durch weitere Prüfungspunkte ergänzt wird. Der Tatbestand besteht bei den Vorsatzdelikten aus den Unterpunkten objektiver und subjektiver Tatbestand. Im objektiven Tatbestand werden die äußeren Umstände der Tat (z.B. der Tod eines anderen Menschen), im subjektiven Tatbestand der Vorsatz und weitere besondere subjektive Merkmale des Täters geprüft (z.B. niedrige Beweggründe). Manche Tatbestandsmerkmale enthalten sowohl objektive als auch subjektive Umstände. Sie werden dann dem objektiven Tatbestand zugeordnet (z.B. verlangt die Heimtücke objektiv das Ausnutzen der Arg- und Wehrlosigkeit und subjektiv ein Ausnutzungsbewusstsein).

Ergänzend gelten für tatbestandsübergreifende Merkmale wie Kausalität, objektive Zurechnung, Vorsatz und Fahrlässigkeit sowie die übrigen Strafbarkeitsvoraussetzungen wie Rechtswidrigkeit und Schuld jeweils die allgemeinen Ausführungen des 2. Teils.

A. Tötungsdelikte

I. Totschlag, § 212 Abs. 1

1. Tatbestand

a) Objektiver Tatbestand

aa) Tatopfer muss ein **Mensch** sein. Ein Mensch ist jede natürliche Person vom Beginn des Geburtsaktes (insbesondere dem Einsetzen der Eröffnungswehen) bis zur irreversiblen Beendigung aller Hirnfunktionen.

Beim Totschlag hat der Satzteil „ohne Mörder zu sein“ keine Bedeutung und wird nicht geprüft.

bb) Der Täter muss das Opfer **töten**. Einen Menschen tötet, wer den Tod in objektiv zurechenbarer Weise durch eine Handlung verursacht.

b) Subjektiver Tatbestand

Der Täter muss gemäß § 15 vorsätzlich handeln.

2. Rechtswidrigkeit

3. Schuld

4. Minder schwerer Fall, § 213 Hs. 1

Das Tatopfer muss den Täter oder einen Angehörigen (siehe § 11 Abs. 1 Nr. 1) des Täters **misshandelt** oder **schwer beleidigt** haben. Dadurch muss der Täter ohne eigene Schuld **zum Zorn gereizt** und **auf der Stelle zur Tat hingerissen** worden sein.

Fragen der Strafzumessung sind regelmäßig in den Klausuren und im ersten Staatsexamen nicht zu prüfen. Allerdings sind benannte minder schwere Fälle (so z.B. § 213 Hs. 1) oder benannte besonders schwere Fälle (z.B. § 243 Abs. 1 S. 2) nach der Schuld zu erörtern, wenn Anlass dafür besteht.

II. Mord, § 211

1. Tatbestand

a) Objektiver Tatbestand

aa) Der Täter muss **einen Menschen töten**. Insoweit gilt dasselbe wie beim Totschlag.

bb) Zusätzlich muss er mindestens ein Mordmerkmal verwirklichen. Im objektiven Tatbestand ist eine **heimtückische**, **grausame** und eine Tötung **mit gemeingefährlichen Mitteln** zu prüfen.

(1) Eine **heimtückische** Tötung ist das wichtigste Merkmal und setzt voraus, dass der Täter die Arg- und Wehrlosigkeit des Opfers bewusst in feindlicher Willensrichtung ausnutzt. Das Opfer ist arglos, wenn es bei Beginn der Tötung nicht mit einem erheblichen Angriff auf seine körperliche Unversehrtheit rechnet. Infolgedessen muss es wehrlos oder jedenfalls in seiner Verteidigungsfähigkeit stark eingeschränkt sein. Der Täter nutzt diese Situation bewusst aus, wenn er die Arglosigkeit und ihre Bedeutung für die Wehrlosigkeit erkennt. Einer heimtückischen Tötung kann die feindliche Willensrichtung nach neuer Rspr. grundsätzlich nur dann fehlen, wenn sie dem ausdrücklichen Willen des Getöteten entspricht oder mit dem mutmaßlichen Willen des zu einer autonomen Entscheidung nicht fähigen Opfers geschieht.

In der Literatur werden im Hinblick auf die lebenslange Freiheitsstrafe beim Mord weitere Voraussetzungen gestellt. Die einen verlangen, dass der Täter die Arglosigkeit beim Opfer hervorruft, also Vertrauen für sich in Anspruch nimmt und dieses dann missbraucht. Dann handele es sich nicht nur um eine heimliche, sondern auch um eine tückische Tötung. Andere wollen die Heimtücke bei einer nachvollziehbaren Motivation des Täters ausscheiden lassen und verlangen daher eine besondere Verwerflichkeit der Tat. Die Rspr. lehnt solche Einschränkungen ab und wendet die sog. Rechtsfolgenlösung an.

(2) Grausam handelt, wer dem Opfer in gefühlloser, unbarmherziger Gesinnung Schmerzen oder Qualen körperlicher oder seelischer Art zufügt, die über das für die Tötung erforderliche Maß hinausgehen.

(3) Gemeingefährlich sind **Mittel**, deren Verwendung im konkreten Fall eine Gefahr für eine unbestimmte Anzahl von Menschen mit sich bringt.

b) Subjektiver Tatbestand

aa) Der Täter muss **vorsätzlich** handeln, § 15.

bb) Zusätzlich sind im subjektiven Tatbestand Mordmerkmale zu prüfen, die Motive des Täters beschreiben. Es muss sich jeweils nicht um das einzige, aber um das „bewusstseinsdominante" Motiv handeln.

(1) Aus **Mordlust** tötet, wer durch die Freude an der Tötung selbst motiviert wird.

(2) Zur **Befriedigung des Geschlechtstriebs** tötet, wer geschlechtliche Befriedigung in der Tötung sucht oder wer den Tod des Opfers zu diesem Zweck anstrebt oder billigend in Kauf nimmt. Es genügt nicht, dass der Täter tötet, um sodann ungestört mit einer anderen Person sexuell verkehren zu können.

(3) Aus **Habgier** tötet der Täter bei einem noch über die Gewinnsucht hinaus gesteigerten abstoßenden Gewinnstreben um jeden Preis, selbst um den Preis eines Menschenlebens. Dies ist auch der Fall, wenn der Täter die Durchsetzung eines gegen ihn gerichteten Anspruchs abwenden will.

Sowohl bei den Merkmalen der 3. Gruppe (Ermöglichungs- und Verdeckungsabsicht) als auch bei den ersten drei Merkmalen der ersten Gruppe (Mordlust, Befriedigung des Geschlechtstriebs, Habgier) handelt es sich um spezielle Fälle der niedrigen Beweggründen.

(4) Der Täter begeht die Tat, **um eine andere Straftat zu ermöglichen**, wenn es ihm gerade darauf ankommt, die Begehung einer weiteren Straftat zumindest zu erleichtern. Diese weitere Tat kann mit der Tötungshandlung zusammenfallen, wenn für ihre Verwirklichung noch weitere Handlungen erforderlich sind.

(5) Er handelt, **um eine andere Straftat zu verdecken**, wenn sein Wille darauf gerichtet ist, das Bekanntwerden oder die Verstärkung eines Verdachts durch das Tatopfer oder einen Dritten wegen einer nach der Vorstellung des Täters von ihm oder einem anderen begangenen rechtswidrigen Straftat zu verhindern. Es genügt, dass der Täter seine Verantwortlichkeit verheimlichen will, auch wenn die Tat an sich schon bekannt ist.

Beispiel: T erschießt einen Zeugen, der ihn nach einem Fahndungsaufruf der Polizei identifizieren will.

(6) Sonst niedrige Beweggründe liegen vor, wenn die Motive der Tötung nach allgemeiner sittlicher Auffassung verachtenswert sind und auf tiefster Stufe stehen. Stets ist eine besondere verachtenswerte Motivation erforderlich, die bei Zorn oder Hass fehlen kann, wenn die Beweggründe des Täters noch irgendwie nachvollziehbar sind.

Sonstige niedrige Beweggründe lassen sich nicht mit Stichworten (z.B. Eifersucht) begründen. Dahinter können sich verschiedene Umstände verbergen, die niedrige Beweggründe nahelegen oder auch nicht.

2. Rechtswidrigkeit

3. Schuld

4. Strafmilderung, § 49 Abs. 1 Nr. 1

Bei heimtückischen Tötungen ist nach der Rspr. ausnahmsweise der Strafrahmen nach § 49 Abs. 1 Nr. 1 zu mildern, wenn aufgrund außergewöhnlicher Umstände die lebenslange Freiheitsstrafe unverhältnismäßig erscheint.

Diese „Rechtsfolgenlösung" ergibt sich nicht aus dem Gesetz. Sie soll im Einzelfall unverhältnismäßige Strafen verhindern und wird auf absolute Ausnahmefälle beschränkt. Ein Beispiel ist eine heimtückische Tötung nach schwersten Provokationen und Kränkungen des Täters durch das spätere Tatopfer.

III. Tötung auf Verlangen, § 216 Abs. 1

1. Tatbestand

a) Objektiver Tatbestand

aa) Der Täter muss eine **Tötung** begehen, also einen Menschen töten. Insoweit gilt dasselbe wie beim Totschlag.

bb) Hierzu muss er **durch das Verlangen des Getöteten bestimmt** worden sein. Der Tatentschluss muss also maßgeblich auf dem Verlangen beruhen, sodass bei einem anderen handlungsleitenden Motiv § 216 Abs. 1 ausscheidet.

cc) Das Opfer muss die Tötung **ausdrücklich**, also unmissverständlich, verlangt haben.

dd) Das Verlangen muss auch **ernstlich** gewesen sein. Hieran fehlt es, wenn der Getötete einem Irrtum oder einer psychischen Störung (Willensmängel) unterliegt. Darüber hinaus ist ein Verlangen nur ernstlich, wenn es auf einer tiefen Reflexion (statt einem spontanen Entschluss) beruht.

Die Frage, ob der Täter das Opfer tötet oder sich straflos an dessen Suizid beteiligt, entspricht der Abgrenzung zwischen Fremd- und Selbstschädigung bzw. -gefährdung und erfolgt nach dem Kriterium der Tatherrschaft. Darauf wird im Rahmen der objektiven Zurechnung im 2. Teil vertieft eingegangen.

b) Subjektiver Tatbestand

Der Täter muss gemäß § 15 **vorsätzlich** handeln.

2. Rechtswidrigkeit

3. Schuld

IV. Aussetzung, § 221 Abs. 1

1. Tatbestand

a) Objektiver Tatbestand

aa) Der Täter muss **einen Menschen** entweder **in eine hilflose Lage versetzen (Nr. 1)** oder **trotz Beistandspflicht in einer hilflosen Lage im Stich lassen (Nr. 2)**.

Die Qualifikationen der Aussetzung nach § 221 Abs. 2 und 3 werden im Folgenden nicht behandelt, da diese zu Beginn des Studiums kaum prüfungsrelevant sind.

In einer **hilflosen Lage** befindet sich das Opfer, wenn es eine Lebens- oder Gesundheitsgefahr nicht selbst abwenden könnte und auch keine Hilfe Dritter zu erwarten wäre.

Der Täter **versetzt** das Opfer in eine hilflose Lage, wenn er diese Lage in objektiv zurechenbarer Weise durch eine Handlung verursacht.

Er **lässt es im Stich,** wenn er dem Opfer nicht hilft. **Beistandspflichtig** ist der Täter, wenn er als Garant verpflichtet ist, dem Opfer bei Lebens- oder Gesundheitsgefahren zu helfen. Dafür gelten die gleichen Anforderungen wie bei Garantenpflichten i.S.d. § 13. Insoweit gelten die im 2. Teil erörterten Regeln.

Ggf. ist im Tatbestand noch die „normale" Qualifikation nach § 221 Abs. 2 Nr. 1 zu prüfen. Dafür muss der Täter die Tat gegen sein Kind oder eine Person begehen, die ihm zur Erziehung oder Betreuung in der Lebensführung anvertraut ist.

bb) Die hilflose Lage muss beim Opfer zu einer **konkreten Gefahr** des Todes oder einer schweren Gesundheitsschädigung führen. Erforderlich ist eine naheliegende Möglichkeit des Schadenseintritts. Die Situation muss sich so zugespitzt haben, dass es nur noch vom Zufall abhängt, ob der Tod bzw. die schwere Gesundheitsschädigung eintritt oder nicht. Schwere Gesundheitsschädigung meint die in § 226 Abs. 1 genannten und ähnlich schwere Folgen.

b) Subjektiver Tatbestand

Der Täter muss gemäß § 15 **vorsätzlich** handeln.

2. Rechtswidrigkeit

3. Schuld

V. Fahrlässige Tötung, § 222

1. Tatbestand

a) Der Täter muss durch eine Handlung den **Tod eines Menschen** verursacht haben.

Bei den Fahrlässigkeitsdelikten gibt es keinen subjektiven Tatbestand. Die individuelle Vorwerfbarkeit wird erst in der Schuld erörtert.

b) Der Täter muss objektiv **fahrlässig** handeln. Er muss objektiv eine Sorgfaltspflicht verletzt haben und der Eintritt des Todes muss objektiv vorhersehbar sein.

c) Der Erfolg muss **objektiv zurechenbar** sein, also gerade auf der Sorgfaltswidrigkeit beruhen.

2. Rechtswidrigkeit

3. Schuld, insbesondere subjektive Fahrlässigkeit

B. Körperverletzungsdelikte

I. Körperverletzung, § 223 Abs. 1

1. Tatbestand

a) Objektiver Tatbestand

Der Täter muss einen anderen Menschen **körperlich misshandeln oder an der Gesundheit schädigen**.

aa) Körperliche Misshandlung ist jede üble und unangemessene Behandlung, durch die das körperliche Wohlbefinden oder die körperliche Unversehrtheit nicht nur unwesentlich beeinträchtigt wird.

bb) Gesundheitsschädigung ist jedes Hervorrufen oder Steigern eines nicht unerheblichen krankhaften Zustandes. Eine psychische Erkrankung reicht für eine Gesundheitsschädigung nur aus, wenn sie sich auch körperlich auswirkt.

b) Subjektiver Tatbestand

Der Täter muss gemäß § 15 **vorsätzlich** handeln.

2. Rechtswidrigkeit

3. Schuld

II. Gefährliche Körperverletzung, § 224 Abs. 1

§ 224 ist ein normaler Qualifikationstatbestand, d.h. der Täter muss in Bezug auf die normalen qualifizierenden Umstände vorsätzlich handeln. Kommen solche Umstände in Betracht, können Sie sogleich §§ 223, 224 zusammen prüfen.

1. Tatbestand

a) Objektiver Tatbestand

aa) Der Täter muss eine **Körperverletzung** i.S.d. § 223 Abs. 1 begehen.

bb) Dabei muss er eines der qualifizierenden Merkmale verwirklichen.

Nr. 1: Der Täter begeht die Tat **durch Beibringung von Gift oder anderen gesundheitsschädlichen Stoffen**, wenn er mit dem Einführen in oder Auftragen auf den Körper den Körperverletzungserfolg herbeiführt. **Gift** ist jede anorganische oder organische Substanz, die unter bestimmten Bedingungen chemisch oder chemisch-physikalisch die Gesundheit zu beeinträchtigen vermag. Unter die anderen **gesundheitsschädlichen Stoffe** fallen Gegenstände, die mechanisch, thermisch oder biologisch wirken können.

Beispiele: Überschütten des Opfers mit Salzsäure (Gift); Servieren einer Suppe mit kleinen Glasscherben als Einlage (anderer gesundheitsschädliche Stoff)

Nr. 2: Ein **gefährliches Werkzeug** ist nach umstrittener, aber h.M. jeder bewegliche Gegenstand, der nach seiner objektiven Beschaffenheit und konkreten Verwendung geeignet ist, erhebliche Verletzungen herbeizuführen. Der Täter begeht die Körperverletzung **mittels** der Waffe oder des gefährlichen Werkzeugs, wenn er damit unmittelbar auf den Körper des Opfers einwirkt. Es reicht daher nicht aus, dass der Waffen- bzw. Werkzeugeinsatz nur einen Kausalverlauf auslöst, der mittelbar zur Körperverletzung führt.

Sie müssen also sowohl die objektive Beschaffenheit als auch die konkrete Verwendung des Gegenstands prüfen!

Beispiel: Fährt T mit seinem Auto auf O zu, begeht er eine Körperverletzung mittels eines gefährlichen Werkzeugs, wenn er O anfährt. Verletzt sich O, weil er beim Ausweichen unglücklich auf die harte Straße fällt, begeht T die Körperverletzung nicht mittels des Autos. Die Straße selbst ist mangels Beweglichkeit kein gefährliches Werkzeug.

Eine **Waffe** ist ein Unterfall des gefährlichen Werkzeugs. Gemeint sind Waffen im technischen Sinne, also jeder Gegenstand, der nach seiner Art dazu bestimmt ist, erhebliche Verletzungen zuzufügen.

Nr. 3: Überfall ist jeder Angriff, mit dem das Opfer nicht rechnet und auf den es sich deshalb nicht vorbereiten kann. **Hinterlist** liegt vor, wenn der Täter planmäßig in einer auf Verdeckung seiner wahren Absicht berechnenden Weise vorgeht, um dadurch dem Gegner die Abwehr zu erschweren.

Nr. 4: Mit einem anderen Beteiligten gemeinschaftlich begeht der Täter die Tat, wenn er mit einem anderen Beteiligten, also Täter oder Teilnehmer (vgl. § 28 Abs. 2), so am Tatort zusammenwirkt, dass das Opfer sich nicht oder nur eingeschränkt gegen den Angriff wehren kann oder will.

Nr. 5: Eine **das Leben gefährdende Behandlung** ist jede Einwirkung, die generell - wenn auch unter Berücksichtigung des konkreten Falls - geeignet ist, das Opfer in Lebensgefahr zu bringen. Eine konkrete Lebensgefahr ist nach h.M. nicht erforderlich.

Beispiele: heftige Tritte oder Schläge mit Knüppeln, Baseballschlägern usw. gegen den Kopf; Würgen bis zur Bewusstlosigkeit

b) Subjektiver Tatbestand

Der Täter muss gemäß § 15 **vorsätzlich**, auch in Bezug auf die qualifizierenden Umstände, handeln.

2. Rechtswidrigkeit

3. Schuld

III. Schwere Körperverletzung, § 226 Abs. 1

§ 226 Abs. 1 ist eine sog. Erfolgsqualifikation, d.h. es genügt Fahrlässigkeit in Bezug auf den Eintritt der schweren Folge. Prüfen Sie zunächst das Grunddelikt, ggf. zusammen mit Qualifikation (§§ 223, 224) vollständig durch und setzen Sie dann erst zur Prüfung der Erfolgsqualifikation an.

Innere Organe sind daher, auch wenn sie für die Körperfunktionen lebenswichtig sind, nach h.M. keine „Glieder" i.S.v. § 226 Abs. 1.

1. Tatbestand

a) Der Täter muss eine **Körperverletzung** i.S.d. § 223 Abs. 1 begehen.

b) Eine der in Nr. 1-3 genannten schweren Folgen muss eintreten.

Nr. 1: Das Sehvermögen auf einem Auge oder auf beiden Augen, das Gehör, das Sprechvermögen oder die Fortpflanzungsfähigkeit verliert das Opfer nur, wenn es dauernd nicht mehr sehen, hören, sprechen oder sich fortpflanzen kann. Dies ist auch zu bejahen, wenn eine verbliebene Fähigkeit praktisch wertlos ist.

Nr. 2: Wichtiges Glied ist ein Teil des Körpers, der mit dem Rumpf oder einem anderen Körperteil durch ein Gelenk verbunden ist und für das Tatopfer aufgrund seiner individuellen körperlichen Besonderheiten oder Vorschädigungen für die normalen körperlichen Verrichtungen erforderlich ist. Das Opfer **verliert** das Körperglied, wenn es abgetrennt (und nicht wieder angefügt) wird. Es kann das Körperglied auch dann **dauernd nicht mehr gebrauchen**, wenn eine noch verbliebene Brauchbarkeit praktisch wertlos ist. Die Wichtigkeit des Gliedes bestimmt sich nur nach den Umständen der körperlichen Sphäre des Opfers.

Beispiel: So braucht jemand, dem schon mehrere Finger fehlen, die übrig gebliebenen umso dringender für alltägliche Arbeiten. Dagegen ist für § 226 irrelevant, dass etwa für die Berufsausübung eines Pianisten schon ein Teil des kleinen Fingers wichtig ist.

Nr. 3: Eine **dauernde erhebliche Entstellung** ist die ästhetische Verunstaltung der Gesamterscheinung des Verletzten, deren Ende sich im Voraus nicht bestimmen lässt und die mindestens so schwer wie die geringsten der übrigen in § 226 Abs. 1 genannten Folgen ist. Das Opfer **verfällt in Siechtum**, wenn es dauerhaft körperlich und geistig erheblich geschwächt ist. **In Lähmung verfällt** das Opfer, wenn es einzelne Teile des Körpers nicht mehr bewegen kann und daher die Funktion des gesamten Körpers erheblich eingeschränkt ist. Die **geistige Krankheit** und die **geistige Behinderung** müssen erheblich sein.

c) Die Begehung des Grundtatbestands muss nicht nur kausal für die **schwere Folge sein, sondern** sie muss gerade auf dem spezifischen Risiko der Körperverletzung beruhen.

d) Dem Täter muss hinsichtlich der schweren Folge **gemäß § 18 wenigstens fahrlässig** handeln; Leichtfertigkeit und bedingter Vorsatz sind damit auch erfasst. Wenn er sogar wissentlich oder absichtlich handelt, dann liegt eine Qualifikation mit verschärftem Strafrahmen nach Abs. 2 vor.

2. Rechtswidrigkeit

3. Schuld, insbesondere subjektive Fahrlässigkeit

Bei fahrlässiger Verursachung der schweren Folge, also nicht bei bedingtem Vorsatz, muss der Täter gemäß § 18 auch subjektiv fahrlässig handeln.

IV. Wissentliche oder absichtliche schwere Körperverletzung, § 226 Abs. 2

1. Tatbestand

a) Objektiver Tatbestand

Der Täter muss eine **Körperverletzung** i.S.d. § 223 Abs. 1 begehen, die zu einer **schweren Folge** nach § 226 Abs. 1 Nr. 1–3 führt.

b) Subjektiver Tatbestand

Der Täter muss die schwere Folge **absichtlich oder wissentlich** durch die Körperverletzung herbeiführen.

2. Rechtswidrigkeit

3. Schuld

V. Körperverletzung mit Todesfolge, § 227 Abs. 1

1. Tatbestand

a) Der Täter muss eine **Körperverletzung (§§ 223–226 a)** begehen.

b) Diese muss den **Tod der verletzten Person zur Folge** haben.

c) Auch muss sich das **spezifische Risiko der Körperverletzung** im Tod realisieren. Nach einer Auffassung muss sich das spezifische Risiko des Körperverletzungserfolgs realisieren, nach h.M. kann es auch das spezifische Risiko der Körperverletzungshandlung sein.

Beispiel: Nach h.M. ist auch der Täter gemäß § 227 Abs. 1 strafbar, der das Opfer mit der Pistole schlägt und dabei einen Schuss auslöst, an dessen Folgen das Opfer stirbt. Die a.A. würde davon ausgehen, dass sich das spezifische Risiko der Körperverletzung, also das des Körperverletzungserfolgs, nicht im Tod realisiert hat.

d) Der Täter muss gemäß § 18 hinsichtlich der Todesfolge **objektiv fahrlässig** handeln.

2. Rechtswidrigkeit

3. Schuld, insbesondere subjektive Fahrlässigkeit

§ 227 ist ebenfalls eine Erfolgsqualifikation, sodass Fahrlässigkeit in Bezug auf die Todesfolge genügt.

Bei der Frage der Realisierung des spezifischen Verletzungsrisikos im Tod des Opfers liegt bei § 227 sehr häufig ein Klausurschwerpunkt.

Bei Straftatbeständen, die an die Verursachung einer schweren Folge eine schwerere Strafe knüpfen (erfolgsqualifizierte Delikte – vgl. auch §§ 221 Abs. 3, 226 Abs. 1), macht es keinen Sinn, nach objektivem und subjektivem Tatbestand zu unterscheiden. Beim Grunddelikt sind objektive und subjektive Voraussetzungen zu prüfen. Bei der anschließenden Prüfung der schweren Folge sind nach h.M. im Tatbestand nur objektive Voraussetzungen relevant.

VI. Fahrlässige Körperverletzung, § 229

1. Tatbestand

a) Der Täter muss durch eine Handlung eine **Körperverletzung** i.S.d. § 223 Abs. 1 herbeigeführt haben.

b) Der Täter muss objektiv **fahrlässig** handeln. Er muss objektiv eine Sorgfaltspflicht verletzt haben und der Eintritt der Körperverletzung muss objektiv vorhersehbar sein.

c) Der Erfolg muss **objektiv zurechenbar** sein, also gerade auf der Sorgfaltswidrigkeit beruhen.

2. Rechtswidrigkeit

3. Schuld, insbesondere subjektive Fahrlässigkeit

VII. Beteiligung an einer Schlägerei, § 231 Abs. 1

1. Tatbestand

a) Objektiver Tatbestand

aa) Es muss eine **Schlägerei** oder ein **von mehreren verübter Angriff** stattfinden. Eine Schlägerei ist eine körperliche Auseinandersetzung zwischen mindestens drei Personen. Für den Angriff auf die körperliche Unversehrtheit eines anderen reicht es aus, wenn mindestens zwei Personen mitwirken.

bb) Der Täter muss sich daran **beteiligen**. Er beteiligt sich, wenn er am Tatort physisch (z.B. Schlagen) oder psychisch (z.B. Anfeuern) daran mitwirkt, dass Gewalttätigkeiten verübt werden.

§ 231 Abs. 2 soll lediglich klarstellen, dass derjenige, der sich gerechtfertigt oder ohne Schuld beteiligt, nicht bestraft wird. Abs. 2 ist daher nicht eigens zu prüfen.

b) Subjektiver Tatbestand

Gemäß § 15 muss der Täter **vorsätzlich** handeln.

2. Objektive Strafbarkeitsbedingung

Das Besondere an einer objektiven Strafbarkeitsbedingung ist, dass der Täter diesbezüglich weder vorsätzlich noch fahrlässig handeln muss. Hintergrund: Dem Täter wird nicht die Herbeiführung der schweren Folge als solche vorgeworfen, sondern sein Verhalten ist schon deshalb straf*würdig*, weil eine Schlägerei oder ein von mehreren verübter Angriff besonders gefährlich ist, auch wenn erst bei Eintritt der schweren Folge das Geschehen straf*bedürftig* wird.

Durch die Schlägerei oder den Angriff muss **der Tod einer Person oder eine schwere Körperverletzung verursacht** werden.

Unerheblich ist nach h.M., ob die schwere Folge vor oder nach der Beteiligung des Täters eintritt. Eine andere Ansicht will jedenfalls dann eine Strafbarkeit nach § 231 Abs. 1 ausschließen, wenn der Täter sich erst beteiligt, nachdem die schwere Folge schon eingetreten ist. Dann könne er diese nämlich nicht verursacht haben. Nach h.M. spielt dieser Gesichtspunkt keine Rolle, weil dem Täter alleine die Beteiligung an der Schlägerei, nicht aber die Verursachung der schweren Folge vorgeworfen werde.

3. Rechtswidrigkeit

4. Schuld

2. Teil: Allgemeiner Teil

A. Ergänzende oder konkretisierende Regelungen zu Straftatbeständen des Besonderen Teils

I. Verursachung eines Erfolgs

Einige Tatbestände des Besonderen Teils setzen ausdrücklich voraus, dass der Täter einen Erfolg verursacht (z.B. § 222). Bei anderen Straftatbeständen ergibt sich dieses Erfordernis aus der Auslegung eines Tatbestandsmerkmals (z.B. „tötet" i.S.d. § 212 Abs. 1). Diese Delikte werden als Erfolgsdelikte bezeichnet.

Die Subsumtion unter die Äquivalenztheorie ist einfach: Sie denken sich die Handlung des Täters weg, gehen alle Glieder der Kausalkette durch und gucken am Ende, ob der Erfolg bestehen bleibt oder wegfällt.

Bei den Erfolgsdelikten setzt der Unrechtstatbestand voraus, dass zwischen Handlung und Erfolg ein ursächlicher Zusammenhang (= Kausalität) besteht. Dabei geht die h.M. von der **Äquivalenztheorie** aus, die im Rahmen der Kausalität zunächst alle Bedingungen für gleichwertig ansieht. **Ursächlich ist danach jede Bedingung des Erfolges, die nicht hinweggedacht werden kann, ohne dass der Erfolg in seiner konkreten Gestalt entfiele.** In den meisten Fällen reicht es aus, mit dieser conditio-sine-qua-non-Formel die Verursachung zu prüfen.

Beispiel: T sticht auf O ein, um ihn zu töten. In der Annahme, O getötet zu haben, vergräbt er ihn. O erstickt. – T hat in diesem Fall den Tod nicht nur durch das Vergraben verursacht, sondern auch schon durch die Stiche. Hätte er nicht auf O eingestochen, hätte er ihn nicht vergraben und O wäre nicht erstickt.

Um sachgerechte Ergebnisse zu erzielen, wird die conditio-sine-qua-non-Formel in besonderen Konstellationen durch Sonderregeln ergänzt.

1. Unbeachtlichkeit von Reserveursachen

Es kann sein, dass die Anwendung der conditio-sine-qua-non-Formel ergibt, dass der Erfolg durch eine andere Handlung ebenfalls eingetreten wäre, wenn der Täter nicht gehandelt hätte. Solche denkbaren Ursachen werden als „hypothetische Reserveursachen" bezeichnet. In solchen Fällen argumentiert die h.M., dass es für die Verursachung auf den Erfolg in seiner konkreten Gestalt ankomme, sodass die Reserveursache unbeachtlich bleibt.

Beispiel: T erschießt O. Hätte T nicht geschossen, wäre O ohnehin an einer Lebensmittelvergiftung gestorben. – Der Tod durch eine Schussverletzung ist eine andere Gestalt des Erfolgs als der Gifttod. Es kommt also auf den Tod durch Schussverletzung an, der bei Hinwegdenken des Schusses nicht eingetreten wäre.

Selbst wenn man auf den Erfolg in seiner konkreten Gestalt abstellt, gibt es noch Fälle, in denen die Verursachung aufgrund einer Reserveursache abgelehnt werden müsste. Um auch in solchen Konstellationen die Verursachung zu bejahen, geht die h.M. allgemein davon aus, dass Reserveursachen, die sich nicht ausgewirkt haben, nicht zu berücksichtigen sind.

Beispiel: T ist Soldat und erschießt aufgrund eines Befehls einen Zivilisten. Hätte er sich geweigert, den Zivilisten zu erschießen, hätte ein anderer Soldat aus seiner Einheit den Befehl ausgeführt. Die Reserveursache in Form des Schusses durch einen anderen Soldaten dürfte nach h.M. nicht berücksichtigt werden.

Das Beispiel lässt sich freilich auch unter dem Gesichtspunkt der konkreten Gestalt des Erfolgs lösen. Erfolg der Tötungsdelikte ist nämlich immer eine Lebenszeitverkürzung. Das Erschießen durch den anderen Soldaten wäre aber durch die Gehorsamsverweigerung erst zu einem späteren Zeitpunkt eingetreten, sodass dies ein anderer Erfolg als das Erschießen durch T wäre.

2. Alternative Kausalität

Bei der sog. alternativen Kausalität liegen mehrere unabhängig voneinander vorgenommene Handlungen vor, die zusammen den Erfolg bewirken, doch ist jede der Handlungen bereits für sich allein genommen zur Herbeiführung des Taterfolges geeignet.

Beispiel: Zwei Täter, A und B, schütten unabhängig voneinander eine tödliche Dosis Gift in das Getränk des Opfers O. Es stirbt an der Vergiftung. Auch wenn nur einer der Täter das Opfer vergiftet hätte, wäre es auf die gleiche Weise gestorben. Hätte einer der Täter das Opfer nicht vergiftet, wäre es also trotzdem auf die gleiche Weise gestorben.

Denkt man nur die Handlung des A weg, wäre derselbe Erfolg trotzdem eingetreten, weil die Dosis des B bereits für sich genommen tödlich war. Gleiches gilt für das isolierte Hinwegdenken der Handlung des B, da auch die von A verabreichte Dosis allein den O getötet hätte. Wendete man die conditio-Formel konsequent an, wäre somit weder die Handlung des A noch die des B für den Todeseintritt des O kausal. Dieses Ergebnis ist jedoch offenkundig falsch, denn fest steht ja, dass O sowohl am Gift des A als auch des B gestorben ist. Daher handelt es sich bei der Giftbeibringung des jeweils anderen Täters auch nicht um eine hypothetische Reserveursache.

Die h.M. modifiziert daher die conditio-sine-qua-non-Formel: **Von mehreren Handlungen, die zwar jede für sich allein (alternativ), nicht jedoch alle gemeinsam (kumulativ) hinweggedacht werden können, ohne dass der Erfolg entfiele, ist jede Handlung kausal**.

Denkt man im vorgenannten Beispiel beide Handlungen **zusammen** weg, entfiele der Erfolg zwingend. Daher sind beide Handlungen kausal.

II. Objektive Zurechnung des Handlungserfolgs

Nach der conditio-sine-qua-non-Formel verursacht auch derjenige einen Erfolg, der für diesen offensichtlich nicht strafrechtlich verantwortlich gemacht werden kann.

Die Rspr. hat die Lehre von der objektiven Zurechenbarkeit bei vorsätzlichen Erfolgsdelikten bisher nicht übernommen. Bei Fällen, in denen die h.L. die objektive Zurechnung diskutieren würde, erörtert die Rspr. die problematischen Aspekte in anderen Zusammenhängen (insbesondere beim Vorsatz). Für Klausuren im Studium ist zu empfehlen, die Lehre von der objektiven Zurechnung anzuwenden, ohne insoweit einen Meinungsstreit zu führen.

Beispiel: Auch die Eltern des Mörders haben den Tod des Opfers verursacht. Hätten sie den Mörder nicht gezeugt, hätte er das Opfer nicht getötet. Trotzdem würde niemand den Eltern einen strafrechtlichen Vorwurf machen.

Daher kann man nur bei bestimmten Arten der Verursachung davon sprechen, dass der Täter das Opfer „tötet", „an der Gesundheit schädigt" usw. Die h.L. verlangt daher einschränkend, dass der Täter den Erfolg in objektiv zurechenbarer Weise verursacht haben muss. Dafür sind zwei Grundvoraussetzungen erforderlich: **Erstens muss der Täter ein rechtlich missbilligtes Risiko schaffen** und **zweitens muss sich dieses Risiko im tatbestandlichen Erfolg realisieren**. Insofern besteht ein Gleichlauf mit den Fahrlässigkeitsdelikten, d.h. in jedem vorsätzlichen Delikt steckt auch ein fahrlässiges Delikt.

Systematisches Verständnis: Die Frage, ob der Täter ein rechtlich missbilligtes Risiko gesetzt hat, ist identisch mit der Frage, ob der Täter sich objektiv pflichtwidrig verhalten hat.

1. Schaffung eines rechtlich missbilligten Risikos

Hat der Täter einen Erfolg verursacht, lässt sich nicht bestreiten, dass er überhaupt ein Risiko dafür geschaffen hat.

Beispiel: Selbst mit jeder Zeugung eines Kindes ist das (wenn auch minimale) Risiko verbunden, einen Mörder zu zeugen und so den Tod eines Menschen zu verursachen.

Bei der Frage, ob der Täter ein rechtlich missbilligtes Risiko schafft, spielen Rechtfertigungsgründe noch keine Rolle. Diese werden erst bei der Rechtswidrigkeit erörtert.

Entscheidende Bedeutung kommt daher der Frage zu, ob die Schaffung des Risikos rechtlich missbilligt ist.

a) Sondernormen

In manchen Fällen verbietet eine besondere Regelung (Sondernorm) das Verhalten des Täters. Dient die Sondernorm dazu, einen tatbestandlichen Erfolg zu verhindern, liegt ein rechtlich missbilligtes Risiko vor. Aus Sondernormen kann sich aber auch ergeben, dass ein riskantes Verhalten erlaubt ist.

Beispiel: Aus der StVO ergeben sich zahlreiche Sondernormen für das Verhalten im Straßenverkehr, die Leib und Leben anderer Verkehrsteilnehmer schützen sollen. Verstößt der Täter gegen sie, ist seine Handlung rechtlich missbilligt.

Aus der StVO ergibt sich im Umkehrschluss aber auch, dass die Teilnahme am Straßenverkehr bei Einhaltung der Regeln erlaubt ist, obwohl sie nicht unerhebliche Risiken mit sich bringt.

b) Sozialadäquanz

Für viele Bereiche des täglichen Lebens existieren keine ausdrücklichen Ver- oder Gebote. Dann kommt es darauf an, wie riskant die Handlung ist, d.h. wie wahrscheinlich es ist, dass die Handlung das tatbestandliche Rechtsgut schädigt, und wie erheblich dieser Schaden sein könnte. Selbst riskante Verhaltensweisen können erlaubt sein, wenn sie üblich bzw. sozialadäquat sind.

Beispiel: Die Zeugung eines Kindes ist genauso sozialadäquat wie das Bauen von Autos, auch wenn sich das Kind zum Straftäter entwickelt oder das Auto für Straftaten verwendet wird.

Die Frage, wie riskant ein Verhalten ist, wird aus der Perspektive eines Beobachters zum Zeitpunkt der Handlung beurteilt (ex-ante). Entscheidend ist, wie ein gewissenhafter Mensch, der dieselben Kenntnisse und Fähigkeiten besitzt wie ein typischer Mensch aus dem „Verkehrskreis" des Täters, das Risiko einschätzen würde. Hat der Täter besondere Kenntnisse oder Fähigkeiten, sind diese zu berücksichtigen.

Beispiel: Wer nur eine Erkältung und keine quarantänepflichtige Infektionskrankheit hat, der darf Bus und Bahn fahren. Wer jedoch erkennt, dass seine Krankheitssymptome nicht nur auf eine Erkältung, sondern auf eine lebensgefährliche, hoch ansteckende Krankheit hindeuten, darf öffentliche Verkehrsmittel nicht nutzen.

c) Risikoverringerung

Schwächt der Täter ein bereits bestehendes Risiko durch seine Handlung ab, ohne ein neues eigenständiges Risiko zu schaffen, begründet er kein rechtlich missbilligtes Risiko.

Beispiel: T will O mit einem Knüppel auf den Kopf schlagen, was konkret lebensgefährlich wäre. C kann den Schlag ablenken, sodass T lediglich die Schulter streift.

2. Realisierung des Risikos

Das vom Täter geschaffene Risiko muss sich auch im konkreten Erfolgseintritt realisieren. Dabei spielen vor allem folgende Fallgruppen eine Rolle.

a) Atypischer Kausalverlauf

Führt das rechtlich missbilligte Risiko erst durch eine „abenteuerliche" Verknüpfung ganz fernliegender Ursachen zum Erfolg, ist trotz naturhafter Kausalität die Zurechnung ausgeschlossen. Es muss dazu ein Geschehen vorliegen, das völlig außerhalb der allgemeinen Lebenserfahrung liegt.

b) Verantwortungsverlagerung

Der Zurechnungszusammenhang kann ferner unterbrochen sein, wenn der Erfolgseintritt nicht als Werk des Täters erscheint, sondern sich die Verantwortung verlagert hat: Der Erfolg kann in den Verantwortungsbereich des Opfers, eines Dritten oder sogar des Täters selbst fallen.

aa) Eigenverantwortliche Selbstgefährdung

Ist das Verhalten des Täters zwar riskant, weil es dem Opfer ermöglicht oder erleichtert, sich selbst zu gefährden oder gar zu schädigen, „unterbricht" das Opferverhalten die Erfolgsrealisierung. Zwei Voraussetzungen müssen hierfür erfüllt sein, die sich aus dem Begriff der Fallgruppe selbst ergeben: Erstens muss es sich um eine **Selbst- und keine Fremdgefährdung** handeln und zweitens muss das Opfer **eigenverantwortlich** entscheiden können.

Beispiel: Stellt T dem O die Ausrüstung für Basejumping zur Verfügung, begründet er das Risiko, dass O durch einen Sturz stirbt. Ungeachtet, ob es sich um ein rechtlich missbilligtes Risiko handelt, realisiert sich jedenfalls das Risiko nicht im Erfolg, wenn O selbst springt und hierüber eigenverantwortlich entscheiden kann.

Die Abgrenzung zwischen Selbst- und Fremdgefährdung richtet sich nach dem Kriterium der Tatherrschaft über den letzten, zum Erfolg führenden Akt.

Beispiel: Klettert O zum „Surfen" auf das Dach eines Autos, schafft und steuert T als Fahrer das rechtlich missbilligte Risiko, selbst wenn O freiwillig handelt.

Das Opfer muss weiterhin eigenverantwortlich bzw. frei entscheiden können. Die Bestimmung der Kriterien für die Eigenverantwortlichkeit sind umstritten, wobei sich auf die Einwilligungsregeln abstellen lässt, d.h. insbesondere Einwilligungsfähigkeit und Willensmängel (Drohung, Täuschung, Irrtum), oder auf die Entschuldigungsgründe nach §§ 19, 20, 35 StGB, § 3 JGG.

Beispiel: Denkt das Opfer, Basejumping sei so ungefährlich wie Fallschirmspringen aus einem Flugzeug, oder ist es betrunken, gefährdet es sich nicht eigenverantwortlich.

Die Argumentation kann auch mit Begriffen aus dem Bereich Täterschaft und Teilnahme erfolgen. Wer eine Selbstgefährdung des Opfers veranlasst oder fördert, nimmt an einer Tat des Opfers gegen sich selbst teil. Da die Tat des Opfers jedoch nicht strafbar ist, kann auch die Teilnahme mangels teilnahmefähiger Haupttat nicht strafbar sein. Entscheidet das Opfer nicht freiverantwortlich, liegt danach eine Konstellation der mittelbaren Täterschaft vor. Ob es sich um eine Teilnahme an einer Selbstgefährdung oder um eine täterschaftliche Fremdgefährdung handelt, richtet sich nach Ansicht der Rspr. und h.L. nach der Tatherrschaft über den letzten Akt.

bb) Dazwischentreten eines Dritten

Neben dem Opfer kann auch ein Dritter in den Kausalverlauf dazwischentreten. Für die Frage nach der Unterbrechung des Zurechnungszusammenhangs kann zunächst als grobe Richtschnur nach der Vorwerfbarkeit unterschieden werden, ob also der Dritte vorsätzlich bzw. grob fahrlässig eingreift oder ein sonstiges, nur fahrlässiges Fehlverhalten vorliegt. Im letzteren Fall lässt sich argumentieren, dass fahrlässiges Fehlverhalten Dritter noch ein Umstand ist, der in der Ausgangsgefahr angelegt ist und mit dem der Ersttäter rechnen muss. Im ersten Fall kann danach unterschieden werden, ob sich der vorsätzlich handelnde Zweitäter der Ausgangsgefahr lediglich unterordnet (keine Unterbrechung) oder aber die dadurch geschaffene günstige Gelegenheit ausnutzt und ansonsten eigenständige Ziele verfolgt (dann Zurechnungsausschluss).

Beispiel: O wird nach einem Schuss durch T mit einer lebensgefährlichen Verletzung ins Krankenhaus eingeliefert. Dort wird O vom Pfleger P erstickt, der in O einen alten Widersacher erkannt hat. – Keine Realisierung des Risikos durch den Schuss.

Gegenbeispiel: Etwas anderes gilt aber, wenn der Tod des lebensgefährlichen Verletzten O durch einen leicht fahrlässigen Arztfehler verursacht wird, da mit einem solchen Fehler bei der Beibringung einer lebensgefährlichen Verletzung zu rechnen ist.

cc) Dazwischentreten des Täters selbst

Der Täter selbst kann ebenfalls in einen von ihm in Gang gesetzten Kausalverlauf eingreifen. Für die Abgrenzung wird auf die gleichen Kriterien wie beim Dazwischentreten Dritter abgestellt.

Beispiel: Der Klassiker der jüngeren Rechtsgeschichte ist hier der Scheunenmordfall, bei dem der Täter im ersten Akt sein Opfer mit Schlägen auf den Kopf heimtückisch töten will und im zweiten Akt nach Rückkehr zum Tatort das noch lebende, aber aufgrund der Schläge dem Tod geweihte Opfer durch Schnitte im Hals tötet.

Für die Abgrenzung soll es wie beim Dazwischentreten Dritter auch hier darauf ankommen, ob der Täter nur an sein Vorverhalten anknüpft.

c) Pflichtwidrigkeitszusammenhang (beim Fahrlässigkeitsdelikt)

Verständnis: Die Begriffe Pflichtwidrigkeit, Vermeidbarkeit und rechtmäßiges/pflichtgemäßes Alternativverhalten umschreiben alle den gleichen Prüfungspunkt!

Der Erfolg ist dem Täter nur dann zuzurechnen, wenn er bei pflichtgemäßem Verhalten mit an Sicherheit grenzender Wahrscheinlichkeit vermeidbar war.

Beispiel: T hat dem O sein Auto mit defekten Bremsen geliehen. Tatsächlich fährt O mit dem Auto gegen einen Baum und stirbt. Der Sachverständige kommt zum Ergebnis, dass O vor dem Unfall versucht hat zu bremsen und dass der Unfall vermieden worden wäre, hätten die Bremsen funktioniert. – O wäre nicht gestorben, hätten die Bremsen des Autos funktioniert, sodass der Pflichtwidrigkeitszusammenhang gegeben ist.

Wenn jedoch der Erfolg auch eingetreteten wäre, wenn sich der Täter rechtmäßig verhalten hätte, fehlt es am Pflichtwidrigkeitszusammenhang.

Auch die Rspr. geht davon aus, dass der Täter für einen Erfolg nicht verantwortlich sei, wenn er ihn auch mit einer rechtmäßigen Handlung herbeigeführt hätte. Bisher spielte in der Rspr. der Pflichtwidrigkeitszusammenhang jedoch nur bei Fahrlässigkeitsdelikten eine Rolle. In der Literatur gehen jedoch viele davon aus, dass es sich um eine allgemeine Voraussetzung der objektiven Zurechnung handelt.

Beispiel: Fall wie oben, doch fährt O nicht gegen den Baum aufgrund der defekten Bremsen, sondern er war abgelenkt und hat nicht mal versucht zu bremsen. – O wäre auch gestorben, wenn das geliehene Auto nicht defekt gewesen wäre. Somit fehlt der Pflichtwidrigkeitszusammenhang oder mit anderen Worten: Der Tod beruht nicht gerade auf dem Verleihen des defekten Autos.

Häufig lässt sich im Nachhinein gar nicht feststellen, ob der Erfolg auch bei rechtmäßigem Alternativverhalten ausgeblieben wäre.

Beispiel: Ob O vergeblich versucht hat zu bremsen, bevor er vor den Baum gefahren ist, kann im Nachhinein nicht aufgeklärt werden.

Die h.M. geht in solchen Fällen im Zweifel für den Angeklagten (in dubio pro reo) davon aus, dass der Täter den Erfolg auch verursacht hätte, hätte er sich rechtmäßig verhalten, und verneint den Pflichtwidrigkeitszusammenhang. Die sog. Risikoerhöhungslehre bejaht die Zurechnung dagegen schon dann, wenn der Täter das Risiko des Erfolgseintritts erhöht hat, also bei einem rechtmäßigen Alternativverhalten der Erfolgseintritt unwahrscheinlicher gewesen wäre. Gegen diese Meinung spricht allerdings, dass sie Erfolgsdelikte im Ergebnis zu abstrakten Gefährdungsdelikten umgestaltet.

d) Schutzzweckzusammenhang (beim Fahrlässigkeitsdelikt)

Die Norm, nach der die Handlung des Täters rechtlich missbilligt ist, muss dazu dienen, solche Erfolgsverursachungen wie im konkreten Fall zu verhindern.

Beispiel: T fährt innerhalb einer geschlossenen Ortschaft schneller als 50 km/h und verstößt daher gegen § 3 Abs. 3 Nr. 1 StVO. Er überfährt einen Fußgänger, der gerade die Straße überquert. – Konnte T nicht mehr rechtzeitig bremsen, weil er zu schnell gefahren ist, ist der Schutzzweckzusammenhang gegeben, weil § 3 Abs. 3 Nr. 1 StVO gerade Unfälle verhindern soll, die auf überhöhten Geschwindigkeiten in einer konkreten Verkehrssituation beruhen.

Gegenbeispiel: T überfährt eine rote Ampel, um schneller zur Arbeit zu kommen. Kurz vor seiner Firma überfährt er den O tödlich. Wenn T den Rotlichtverstoß nicht begangen hätte, wäre er erst später vor der Firma eingetroffen und O hätte es dann geschafft, die Straße zu überqueren. – Zwar schafft das Überfahren einer roten Ampel eine rechtlich missbilligte Gefahr. Das Verbot, eine rote Ampel zu ignorieren, dient aber nicht dazu, dass man erst zu einem späteren Zeitpunkt an einem bestimmten Ort ankommt, sondern soll Gefahren im jeweiligen Kreuzungsbereich verhindern. Es fehlt daher am Schutzzweckzusammenhang.

III. Vorsatz

Der Tatumstandsirrtum wird häufig als „Tatbestandsirrtum" bezeichnet. Dies ist jedoch irreführend und ungenau, da die Vorstellung des Täters sich nicht auf einen oder mehre Tatbestände beziehen muss, sondern auf **Umstände**, aus denen sich die Verwirklichung eines gesetzlichen Straftatbestandes ergibt.

Dass der Täter vorsätzlich handeln muss, ergibt sich aus § 15. Im Gesetz ist jedoch nur geregelt, wann der Täter nicht vorsätzlich handelt (§ 16 Abs. 1 S. 1). Danach unterliegt er einem Tatumstandsirrtum, wenn er bei Begehung der

Tat einen Umstand nicht kennt, der zum gesetzlichen Tatbestand gehört. Im Umkehrschluss ergibt sich daraus, dass Vorsatz vorliegt, wenn der Täter bei Tatbegehung die Verwirklichung aller zum objektiven Tatbestand gehörenden Tatumstände zumindest für möglich hält und billigt. Gemäß § 8 ist eine Tat zu der Zeit begangen, zu welcher der Täter gehandelt hat. Es kommt also auf den Zeitpunkt der im Obersatz beschriebenen Handlung an.

1. Gegenstand des Vorsatzes

Zu diesem Zeitpunkt muss der Täter die **Umstände** kennen, die zum gesetzlichen Tatbestand gehören. Den Tatbestand selbst oder gar seine einzelnen Merkmale muss er nicht kennen. Fehlt die Kenntnis über mindestens ein Tatbestandsmerkmal, unterliegt der Täter einem **Tatumstandsirrtum** und handelt gemäß § 16 Abs. 1 S. 1 nicht vorsätzlich (s.o.).

Kommt es – wie im Regelfall – nicht darauf an, welche Vorsatzform vorliegt, muss diese Differenzierung in der Klausur nicht vorgenommen werden.

Beispiel: Jäger J sitzt auf dem Hochsitz und schießt in Richtung eines Schattens im Maisfeld, weil er davon ausgeht, ein Wildschwein zu erlegen. Tatsächlich handelt es sich um den betrunkenen O, der nach Hause „robbt". – J hat keine Kenntnis vom Umstand der Tötung eines anderen Menschen. Daher fehlt gemäß § 16 Abs. 1 S. 1 der Vorsatz zur Begehung eines Totschlags.

Herkömmlich wird bei den Vorsatzanforderungen zwischen **deskriptiven** und **normativen Tatbestandsmerkmalen** differenziert. Erstere lassen sich grundsätzlich schon durch eine Beschreibung erfassen, erfordern also keine rechtliche Wertung. Letztere erfordern eine solche Wertung, sie sind also nicht schon durch das „Ansehen" erfassbar.

Beispiele deskriptiv: Mensch (§ 212), Sache (§ 242), Gebäude (§ 305)

Beispiele normativ: Fremd (§ 242), Urkunde (§ 267), Beleidigung (§ 185)

Für die normativen Tatbestandsmerkmale muss der Täter den sozialen und rechtlichen Bedeutungsgehalt des Merkmals im Rahmen einer **Parallelwertung in der Laiensphäre** richtig erfassen. Bei derartiger Bedeutungskenntnis muss der Täter dann die rechtliche Wertung nicht nachvollziehen. Freilich kann die Parallelwertung auch zum Ausschluss des Vorsatzes führen. Weiterhin kann auch bei scheinbar deskriptiven Merkmalen eine rechtliche Wertung erforderlich sein.

Beispiel: Der Käufer hat die Kaufsache bereits bezahlt und nimmt daher wegen Verkennung des Erfordernisses der Eigentumsübertragung nach § 929 S. 1 BGB an, die Sache sei nicht mehr fremd.

2. Formen des Vorsatzes

Es werden **drei Vorsatzformen** unterschieden:

- **Absicht** im Sinne eines zielgerichteten Erfolgswillens
- **Wissentlichkeit** im Sinne der sicheren Kenntnis vom Erfolgseintritt, auch wenn dieser dem Täter unerwünscht ist
- **Bedingter Vorsatz** mit umstritten Anforderungen

Ein Standardproblem von Anfängerklausuren bis zu Examensklausuren ist die **Abgrenzung vom bedingten Vorsatz zur bewussten Fahrlässigkeit**, die sich häufig bei Tötungsdelikten stellt. Nach h.M. enthält der bedingte Vorsatz ein Wissens- und ein Willenselement. Erforderlich ist, dass der Täter **den Eintritt des Erfolges als möglich erkennt und billigend in Kauf nimmt bzw. sich damit abfindet.** Daran kann es trotz des Wissens über die Möglichkeit des Erfolges fehlen, wenn der Täter auf das Ausbleiben des Erfolgs ernsthaft und nicht vage vertraut.

Ergibt sich in der Klausur ohne Weiteres der Tötungsvorsatz (z.B.: T schlägt O mit einer Axt den Kopf ab) oder heißt es, dass der Täter den Erfolg billigend in Kauf genommen hat, ist eine Darstellung des Meinungsstreits entbehrlich. Sind im Sachverhalt besonders gefährliche Verhaltensweisen mitgeteilt, kann dies ein Indiz für einen bedingten Tötungsvorsatz sein.

3. Abweichungsfälle

Klausurrelevant sind immer wieder sog. Abweichungsfälle, in denen der Täter über das Tatobjekt irrt oder sich ein Kausalverlauf realisiert, der so vom Täter nicht gewollt war.

a) Abweichungen in Bezug auf das Handlungsobjekt

Beim Irrtum in Bezug auf Handlungsobjekt sind verschiedene Konstellationen abzugrenzen. Hierfür sollte danach unterschieden werden, welches Objekt sich der Täter vorstellt, auf welches Objekt sich seine Vorstellung bei Begehung der Tat konkretisiert und bei welchem Objekt schließlich der Erfolg eintritt. Kurz: Welches Opfer stellt sich der Täter vor? Welches Opfer visiert er an? Welches Opfer trifft er?

aa) error in persona

Hat der Täter nur eine irrige Vorstellung über die Identität des Tatobjekts, handelt er dennoch vorsätzlich, wenn das vorgestellte und das tatsächlich getroffene Tatobjekt rechtlich gleichwertig sind. Es liegt ein unbeachtlicher Motivirrtum vor, weil die Identität des Tatobjekts kein Umstand ist, der zum gesetzlichen Tatbestand gehört.

Beispiel: T erschießt im Dunkeln den vor ihm stehenden A, weil er denkt, dass es sich um seinen Erzfeind B handelt.

Gegenbeispiel: T erschießt im Dunkeln den A, weil er denkt, es handele sich um eine Schaufensterpuppe. Die Schaufensterpuppe als Sache und A als Mensch sind tatbestandlich nicht gleichwertig, sodass eine vorsätzliche Tötung zu verneinen ist. T hat sich nur wegen fahrlässiger Tötung und versuchter Sachbeschädigung.

bb) aberratio ictus

Von diesem Irrtum sind die Fälle zu unterscheiden, in denen der Täter zwar das nach seiner Vorstellung „richtige" Objekt anvisiert, dann aber aufgrund von äußeren Umständen das falsche Opfer trifft.

Beispiel: Der Täter zielt mit der Pistole auf A, trifft dann aber den hinter A stehenden B.

Merken Sie sich: Der error in persona ist i.d.R. für den Vorsatz unbeachtlich, die aberratio ictus ist hingegen beachtlich.

Nach einer Ansicht ist der Vorsatz bei einer aberratio ictus gegeben, wenn die Abweichung vom vorgestellten Kausalverlauf vorhersehbar ist und keine andere Bewertung der Tat rechtfertigt. Die h.M. hingegen geht in solchen Fällen davon aus, dass der Täter hinsichtlich des getroffenen Opfers nicht vorsätzlich handelt. Dafür spricht, dass sich der Vorsatz auf das anvisierte Opfer konkretisierte, welches jedoch nicht verletzt worden ist. Infrage komme daher nur ein Versuch hinsichtlich des anvisierten Tatobjekts und ein Fahrlässigkeitsdelikt hinsichtlich des tatsächlich getroffenen.

Im Einzelnen kann die Abgrenzung zwischen einem unbeachtlichen error in persona und einer beachtlichen aberratio ictus schwierig sein, so z.B. bei den sog. **Fernwirkungsfällen**.

Beispiel: T will O mittels einer Autobombe töten. Er begibt sich nachts zum Haus des O, baut aber aus Versehen die Bombe am Auto des Nachbarn an, der am nächsten Morgen durch die Explosion stirbt. – Die h.M. bejaht überzeugend einen error in persona, da sich durch das Anbringen der Bombe der Tötungsvorsatz auf die Person, die das Auto zuerst benutzt, konkretisiert hat. Dies soll sogar dann gelten, wenn der Täter die Bombe am richtigen Fahrzeug anbaut, dann aber ein „falsches" Opfer die Zündung betätigt. Eine a.A. bejaht dagegen eine aberratio ictus, da keine ausreichende Individualisierung des Opfers stattgefunden habe.

b) Abweichungen in Bezug auf den Kausalverlauf

Der Vorsatz des Täters muss sich auch auf den Kausalverlauf erstrecken. Da dieser indes kaum je in allen Einzelheiten zu erfassen ist, schließen unwesentliche Abweichungen des vorgestellten vom tatsächlichen Geschehensablauf den Vorsatz nicht aus. **Eine unwesentliche Abweichung liegt vor, wenn sich die Abweichung noch in den Grenzen des nach allgemeiner Lebenserfahrung Voraussehbaren bewegt und keine andere Bewertung der Tat rechtfertigt.**

Schwierigkeiten bereitet vor allem die Prüfung mehraktiger Tötungsgeschehen, bei denen der Erfolg wider Erwarten entweder bereits in einem ersten Akt (verfrühter Erfolg) oder erst in einem zweiten Akt (verspäteter Erfolg) eintritt.

Beispiel (Jauchegruben-Fall): T ertränkt den O nach vermeintlich tödlichen Messerstichen, indem er O in eine Jauchegrube wirft. Die Prüfung fängt mit dem zweiten Akt an, also das Werfen in die Jauchegrube, und muss den Vorsatz verneinen, da T zu diesem Zeitpunkt nicht weiß, dass es sich bei O noch um einen lebenden Menschen handelt. Im ersten Akt der Messerstiche waren diese nach der Äquivalenztheorie kausal für den Ertrinkungstod, denn denkt man die Stiche weg, hätte T den O nicht durch das Werfen in die Jauchegrube ertränkt. Die Vertreter der objektiven Zurechnungslehre bejahen überwiegend die Zurechnung, da vorsätzlichen Tötungshandlungen das typische Risiko anhaftet, dass das Opfer – anders als erwartet – nicht unmittelbar, sondern erst durch eine anschließende Beseitigungshandlung stirbt. Die Rspr. löst diese Fälle über die Frage der wesentlichen Abweichung vom vorgestellten Kausalverlauf. Gegen die Wesentlichkeit spricht, dass es nicht außergewöhnlich ist, dass das Opfer erst durch die Verdeckungshandlung stirbt.

Beispiel (Kofferraum-Fall): T will O an einer einsamen Stelle im Wald töten. Um dorthin zu fahren, sperrt er O in den Kofferraum seines Autos. Auf der Fahrt zum Wald erstickt O. Für eine vorsätzlich-vollendete Tötung durch die Fahrt im Kofferraum fehlt ein strafrechtlich relevanter Vorsatz. Dieser muss in dem Zeitpunkt vorliegen, in dem T die „Versuchsschwelle" überschreitet, also unmittelbar zur Tat ansetzt i.S.v. § 22. Der generelle Tötungswille während einer Vorbereitungshandlung ist unbeachtlich. In Betracht kommt lediglich eine Freiheitsberaubung mit Todesfolge gemäß § 239 Abs. 1, 4.

Ohne Versuchsbeginn also kein Vorsatz und ohne Vorsatz keine Vorsatztat!

IV. Fahrlässigkeit

Fahrlässigkeit wird gemäß § 15 nur relevant, wenn ein Straftatbestand das fahrlässige Handeln ausdrücklich mit Strafe bedroht oder wenigstens für die schwere Folge Fahrlässigkeit genügt (§ 18). Eine gesteigerte Form der Fahrlässigkeit ist die Leichtfertigkeit (z.B. § 251), die etwa der groben Fahrlässigkeit im Zivilrecht entspricht.

Klausurrelevant sind vor allem die §§ 222, 229 sowie als Erfolgsqualifikationen § 226 Abs. 1 und die Körperverletzung mit Todesfolge gemäß § 227.

Eine erste Besonderheit im Prüfungsaufbau besteht darin, dass es keinen subjektiven Tatbestand gibt, sondern die subjektiven Anforderungen an die Fahrlässigkeit in der Schuld geprüft werden. Für das Verständnis ist weiterhin die Erkenntnis wichtig, dass die Fahrlässigkeitsprüfung zu einem großen Teil auf Erwägungen der objektiven Zurechnung beruht.

1. Tatbestand der Fahrlässigkeit

Der Täter muss zunächst einen Erfolg, also etwa den Tod oder die Körperverletzung eines Menschen, kausal durch eine Handlung herbeigeführt haben. Die Prüfung entspricht insoweit einem vorsätzlichen Delikt. Die Besonderheit der Fahrlässigkeitsprüfung besteht nun darin, dass das Verhalten des Täters objektiv und subjektiv fahrlässig sein muss. Nach gängiger Formulierung handelt der Täter fahrlässig, wenn er bei **objektiver Vorhersehbarkeit des Erfolgs eine Sorgfaltspflicht verletzt**. Für die Sorgfaltspflichtverletzung prüfen Sie zunächst, welche Sorgfaltsanforderungen vorliegend galten. Existieren keine Sondernormen kommt es darauf an, was von einer besonnenen und gewissenhaften Durchschnittsperson aus dem Verkehrskreis des Täter zu erwarten ist. Der Sache nach prüfen Sie die Schaffung eines rechtlichen missbilligten Risikos, wie Sie es von der objektiven Zurechnung kennen. Die objektive Vorhersehbarkeit ist in Fällen eines atypischen Kausalverlaufs zu verneinen, wie Sie es ebenfalls von der objektiven Zurechnung kennen. Die weiteren Fallgruppen der objektiven Zurechnung sind anschließend zu prüfen: Schutzzweckzusammenhang, Vermeidbarkeit, Verantwortungsverlagerung.

2. Schuld bei der Fahrlässigkeit

Der Täter muss auch schuldhaft, insbesondere subjektiv fahrlässig gehandelt haben. Das ist der Fall, wenn er nach seinen individuellen Fähigkeiten und Kenntnissen in der Lage gewesen wäre, die objektiv gebotene Sorgfalt einzuhalten und die Tatbestandsverwirklichung vorauszusehen.

3. Bei erfolgsqualifizierten Delikten

Bei erfolgsqualifizierten Delikten muss dem Täter nach § 18 mindestens Fahrlässigkeit hinsichtlich (der Verursachung) der schweren Folge zur Last fallen. Die schwere Folge verursacht der Täter durch das Grunddelikt. Die vorsätzliche Begehung des Grunddelikts stellt zugleich ein objektiv und subjektiv fahrlässiges Verhalten dar, wobei ausnahmsweise die Vorhersehbarkeit des Eintritts der schweren Folge ausgeschlossen sein kann.

V. Rechtswidrigkeit

Die Tat ist nicht rechtswidrig, wenn ein **Rechtfertigungsgrund** eingreift. Die Rechtfertigungsgründe sind nicht nur im StGB geregelt. Sie können sich auch aus anderen Gesetzen (z.B. §§ 228, 229, 859, 904 BGB) oder aus gewohnheitsrechtlichen Grundsätzen (z.B. die rechtfertigende Einwilligung) ergeben. Die Prüfung erfolgt in drei Schritten: Rechtfertigungslage, Rechtfertigungshandlung und subjektives Rechtfertigungselement.

1. Notwehr, § 32

a) Notwehrlage

Auf dem Poster zu klausurtypischen Unrechts- und Schuldausschlussgründen in der Mitte dieses Überblicks finden sich wesentliche Informationen zu einzelnen Rechtfertigungsgründen kurz zusammengefasst.

Eine Notwehrlage ist ein **gegenwärtiger rechtswidriger Angriff**.

aa) Ein **Angriff** ist jedes menschliche Verhalten, das Rechtsgüter bedroht.

Beispiel: Tötet T einen Hund, der ihn angreift, kann die dadurch verwirklichte Sachbeschädigung grundsätzlich nicht gemäß § 32 (aber gemäß § 228 BGB) gerechtfertigt sein. Hetzt jedoch das Herrchen seinen Hund auf T, handelt es sich um einen Angriff des Herrchens, der den Hund als Angriffswerkzeug benutzt.

Es ist ausreichend, dass irgendein Individualrechtsgut bedroht ist. Es ist **nicht** erforderlich, dass der Angreifer einen Straftatbestand verwirklicht.

Beispiel: Will T mit Schlägen verhindern, dass O sein Grundstück betritt, kann die Körperverletzung gemäß § 32 gerechtfertigt sein, da das Hausrecht bedroht ist. Irrelevant ist, ob das Grundstück eingezäunt und daher als befriedetes Besitztum i.S.d. § 123 Abs. 1 anzusehen ist.

Auch muss der Angriff sich nicht gegen den Notwehrübenden richten. § 32 erfasst auch die Nothilfe, also die Verteidigung eines Dritten gegen einen rechtswidrigen Angriff.

bb) Der Angriff ist **gegenwärtig**, wenn er unmittelbar bevorsteht oder schon begonnen hat, aber noch nicht abgeschlossen ist.

Beispiel: Der Angriff des Diebes auf das Eigentum ist erst dann nicht mehr gegenwärtig, wenn er die weggenommenen Sachen in Sicherheit gebracht hat.

cc) Rechtswidrig ist der Angriff, wenn er nicht seinerseits durch einen Rechtfertigungsgrund gedeckt ist.

b) Notwehrhandlung

aa) § 32 kann nur Eingriffe in Rechtsgüter des Angreifers rechtfertigen, sodass sich die Verteidigungshandlung **gegen den Angreifer** richten muss.

bb) Die Verteidigung muss **erforderlich** sein, d.h. sie muss zum einen zur Abwehr **geeignet** und zum anderen das **relativ mildeste, gleich wirksame Mittel** sein, um den Angriff abzuwehren. Die Möglichkeit des Ausweichens ist kein milderes Mittel, denn das Recht muss dem Unrecht nicht weichen. Der Verteidiger muss sich nicht auf einen Kampf mit ungewissem Ausgang einlassen oder fremde Hilfe zur Verteidigung in Anspruch nehmen. Beim Einsatz lebensgefährlicher Verteidigungshandlungen oder gar gezielten Tötungen ist grundsätzlich eine **„3-Stufen-Folge"** zu beachten. Der Notwehrübende muss die gefährliche Verteidigungshandlung zunächst androhen, sie dann einsetzen, um den Angreifer kampfunfähig zu machen, und darf erst dann zur tödlichen Gegenwehr greifen. Diese gilt allerdings nicht, wenn – aus Sicht des Verteidigers in der Situation – nur die sofort tödliche Verteidigung gleich effektiv ist.

Wenn die Verteidigung erforderlich ist, kommt es also auf Verhältnismäßigkeitserwägungen grundsätzlich nicht mehr an. Grund ist, dass der Angreifer es durch die Gefährlichkeit seines Angriffs selbst in der Hand hat, welche Verteidigungshandlung erforderlich ist. Die Notwehr ist insoweit ein „scharfes Schwert", das auf die Rechtsgüter des Angreifers auf Ebene der Erforderlichkeit keine Rücksicht nimmt.

cc) Geboten ist eine erforderliche Verteidigung nicht, wenn das Notwehrrecht aus „sozialethischen Gründen" eingeschränkt ist. Klausurrelevant sind vor allem die folgenden Fallgruppen.

Bei einem **krassen Missverhältnis** zwischen dem geschützten und dem beeinträchtigten Interesse ist die Rechtfertigung durch § 32 ausgeschlossen.

Beispiel: Erschießt T den Angreifer, weil er nur so verhindern kann, dass er Äpfel von seinem Baum stiehlt, ist der Totschlag nicht durch Notwehr gerechtfertigt. – Der Gedanke des krassen Missverhältnisses darf allerdings nicht zu einer verkappten Verhältnismäßigkeitsprüfung führen. Bei höheren Sachwerten (Faustregel: ab etwa 100 bis 200 €, jedenfalls ab 500 €) kann dagegen auch eine vorsätzliche Tötung geboten sein.

Teilweise wird vertreten, dass durch Art. 2 Abs. 2 EMRK eine tödliche Verteidigung bei Angriffen auf Sachwerte generell nicht geboten ist. Dagegen spricht jedoch, dass die EMRK in erster Linie das Verhältnis zwischen Staat und Bürger regelt, aber nicht das Notwehrrecht des Einzelnen einschränkt.

Hat der Täter das Opfer **absichtlich provoziert,** um sich sodann unter dem Deckmantel der Notwehr gegen den Angriff zu verteidigen, ist er nach h.M. nicht gerechtfertigt, da sich aus einem rechtsmissbräuchlichen Verhalten kein Verteidigungsrecht begründen kann.

Hat der Täter den Angriff **sonst vorwerfbar provoziert**, ist sein Notwehrrecht durch ein 3-Stufen-Modell eingeschränkt. Er muss zunächst ausweichen und sich dann darauf beschränken, sich selbst zu schützen (Schutzwehr), selbst wenn diese Mittel nicht in gleicher Weise geeignet sind, den Angriff abzuwenden. Unter Umständen muss er geringfügige Verletzungen hinnehmen. Nur wenn diese Mittel offensichtlich nicht ausreichen, darf der Täter sich wie sonst (mit Trutzwehr) verteidigen.

Beispiel: T hat ein Gemälde des O zerstört. O will T daraufhin schlagen. Wehrt sich T dagegen mit einem Schlag, ist seine Körperverletzung nicht gemäß § 32 gerechtfertigt, wenn er O zum Angriff provozieren wollte. Kam es ihm hierauf nicht an, darf er O nur schlagen, wenn er nicht ausweichen kann und auch keine Möglichkeit besteht, die Schläge abzufangen. Das Risiko geringfügiger Verletzungen muss T dabei hinnehmen.

Gegen Angriffe **schuldlos Handelnder** (insbesondere Kinder) darf der Täter sich nur nach Maßgabe des 3-Stufen-Modells verteidigen.

Gleiches gilt grundsätzlich nach h.M., wenn der Täter zum Angreifer in einem **engen persönlichen Verhältnis** (z.B. Ehe) steht. Der Täter sei in solchen Fällen besonders verpflichtet, den Angreifer vor Schäden zu bewahren.

c) Subjektives Rechtfertigungselement

Der Verteidiger muss die Voraussetzungen der Notwehr gekannt haben, also die tatsächlichen Umstände, die den gegenwärtigen rechtswidrigen Angriff, die Erforderlichkeit und die Gebotenheit ausmachen. Die Rspr. versteht den Gesetzeswortlaut („um zu") weiterhin so, dass der Täter mit Verteidigungswillen handeln muss. Andere Motive schließen Notwehr demnach aus, wenn sie den Verteidigungswillen überdecken.

Die hier genannten Ausführungen gelten im Grundsatz auch für die übrigen Rechtfertigungsgründe entsprechend.

2. Notstand, § 34

a) Notstandslage

Notstandslage ist eine **gegenwärtige Gefahr für ein beliebiges Rechtsgut.** **Gefahr** ist jede Bedrohung rechtlich geschützter Interessen, bei der nach den tatsächlichen Umständen der Eintritt eines Schadens wahrscheinlich ist. **Gegenwärtig** ist die Gefahr, wenn die Bedrohungslage bei natürlicher Weiterentwicklung jederzeit in einen Schaden umschlagen kann. Damit kann auch eine Dauergefahr gegenwärtig sein.

Beispiel: Verprügelt der Ehemann seine Frau regelmäßig, wenn er betrunken nach Hause kommt, besteht schon dann eine gegenwärtige Gefahr für die Frau, wenn er zu Hause erscheint. Ein gegenwärtiger Angriff i.S.d. § 32 liegt hingegen erst vor, wenn der Ehemann sich entschließt, seine Frau zu verprügeln und sich ihr nähert, um sein Vorhaben in die Tat umzusetzen.

b) Notstandshandlung

Die Notstandshandlung kann sich auch gegen Rechtsgüter Dritter richten.

aa) Sie muss **erforderlich** („nicht anders abwendbar") zur Abwendung der Gefahr sein. Wie bei der Notwehr muss die Eingriffshandlung geeignetes und zugleich relativ mildestes Mittel gewesen sein, um die Gefahr endgültig zu beseitigen. Für die Eignung genügt es, wenn die Handlung die Rettungschance zumindest geringfügig erhöht. Im Gegensatz zu § 32 muss die Möglichkeit zum Ausweichen oder zur Inanspruchnahme staatlicher Hilfe genutzt werden.

bb) „Herzstück" der Notstandsprüfung ist in der Regel die **Interessenabwägung** zwischen dem geschützten und dem beeinträchtigten Interesse. Dabei kommt es insbesondere („namentlich") auf die **betroffenen Rechtsgüter** und den **Grad der ihnen drohenden Gefahren** an. Darüber hinaus ist aber auch die Verantwortlichkeit für die Gefahr zu berücksichtigen. Geht die Gefahr vom Opfer aus, ist entsprechend § 228 BGB nur erforderlich, dass der Schaden nicht außer Verhältnis zur Gefahr steht (Defensivnotstand im Gegensatz zum Aggressivnotstand).

Nach h.M. besteht für das menschliche Leben beim Notstand ein **Abwägungsverbot**, sodass die Tötung eines anderen Menschen durch § 34 nicht gerechtfertigt sein kann. Ausnahmen werden bei einer einseitigen Verteilung von Rettungschancen und unter Heranziehung der Wertung des § 228 BGB bei der Gefahrverursachung durch den Getöteten diskutiert.

cc) Auch wenn das geschützte Interesse das beeinträchtigte wesentlich überwiegt, greift eine Rechtfertigung nach § 34 nicht, wenn die Tat kein angemessenes Mittel der Gefahrabwendung ist (§ 34 S. 2).

Beispiel: Eine Blutspende darf nach h.M. auch dann nicht erzwungen werden, wenn durch den damit verbundenen relativ geringfügigen Eingriff in die körperliche Unversehrtheit des „Spenders" das Leben mehrerer anderer Menschen gerettet werden könnte. Zwar ist § 34 Ausdruck des Solidarprinzips und verlangt daher potentiell von jedem gewisse Opfer, jedoch würde eine erzwungene Blutspende zu einer Instrumentalisierung des menschlichen Körpers führen und damit zumindest in die Nähe eine Verletzung der Menschenwürde rücken.

Umstritten sind Fälle, in denen der Täter genötigt wird, eine Straftat zu begehen **(Nötigungsnotstand)**.

Beispiel: T wird unter Vorhalt einer Pistole und der Drohung, erschossen zu werden, von X dazu genötigt, dem O einen Faustschlag zu verpassen.

Betracht man nur die betroffenen Rechtsgüter, überwiegt zwar das Interesse des T, nicht erschossen zu werden, wesentlich das Interesse des O, nicht geschlagen zu werden. Dennoch wird vielfach vertreten, der Genötigte kann sich nicht auf Notstand berufen und ist auf eine Entschuldigung gemäß § 35 Abs. 1 zu verweisen, weil der Angegriffene sich ansonsten nicht gemäß § 32 wehren dürfte und der Genötigte sich – wenn auch unter Eindruck der Nötigung – auf die Seite des Unrechts stellt. Andere wollen hingegen § 34 uneingeschränkt anwenden, da auch der genötigte Notstandstäter die Solidarität der Rechtsgemeinschaft verdient. Wiederum andere vertreten eine differenzierte Rechtfertigungslösung, wonach das Opfer geringfügige Beeinträchtigungen auch durch den genötigten Täter hinnehmen muss, wenn dem Täter erhebliche Schäden drohen.

c) Subjektives Rechtfertigungselement

Der Täter muss zumindest mit Kenntnis der Notstandslage und nach der h.M. auch mit dem Ziel der Gefahrabwendung (Notstandswille) handeln.

3. Rechtfertigende Einwilligung

Die Einwilligung ist nicht ausdrücklich gesetzlich geregelt (§ 228 gibt allerdings einen Hinweis auf die Existenz dieses Rechtfertigungsgrundes), beruht aber auf dem Gedanken, dass jeder grundsätzlich frei über seine Rechtsgüter disponieren kann und daher bei einem entsprechenden Willen des Rechtsgutinhabers kein strafbares Unrecht vorliegt.

Abzugrenzen ist die rechtfertigende Einwilligung vom tatbestandsausschließenden Einverständnis, welches vorliegt, wenn der jeweilige Tatbestand auf den entgegenstehenden Willen des Rechtsgutinhabers abstellt.

a) Einwilligungslage

aa) Verfügbarkeit und Verfügungsbefugnis

Hausfriedensbruch, § 123
Diebstahl, § 242
unbefugter Fahrzeuggebrauch, § 248 b

Das betroffene Rechtsgut muss **verfügbar** und der Einwilligende muss **verfügungsbefugt** sei. Grundsätzlich kann der Inhaber des Rechtsguts oder unter Umständen sein gesetzlicher Vertreter bzw. Vertretungsorgan in die Verletzung von Individualrechtsgütern einwilligen. Eine Einwilligung ist dagegen ausgeschlossen, wenn der Tatbestand Allgemeinrechtsgüter schützt (z.B. die Sicherheit des Straßenverkehrs). **Schranken** der Dispositionsbefugnis ergeben sich auch aus §§ 216, 228.

(1) Nach **§ 216** ist die **Tötung auf Verlangen**, also aufgrund eines ernstlichen und ausdrücklichen Verlangens des Opfers, strafbar. Der Rechtsgutinhaber kann damit nicht wirksam in seine Tötung einwilligen, auch wenn er selbst durch Suizid über sein Leben disponieren kann. In Ausnahmefällen, insbesondere in der Endphase des menschlichen Lebens, bleibt eine Einwilligung dennoch möglich. Auch verbietet § 216 nicht stets eine Einwilligung in lebensgefährliche Risiken. Bei einem hohen Interesse des Opfers an der Handlung, die das Risiko begründet, kann auch eine (dann meist fahrlässige) Tötung gerechtfertigt sein.

Beispiel: Das Opfer willigt in eine Operation mit hohem Risiko ein und stirbt dabei. Ist die Operation medizinisch notwendig, handelt der Arzt gerechtfertigt. Ob er dabei nur den Tatbestand der fahrlässigen Tötung verwirklicht oder bedingt vorsätzlich handelt, ist irrelevant. Stirbt das Opfer hingegen bei einer hoch riskanten Schönheitsoperation, wirkt die Einwilligung unter Umständen nicht rechtfertigend.

Leidet das Opfer an einer Krankheit, an der es in absehbarer Zeit sterben wird, kann es mit rechtfertigender Wirkung darin einwilligen, dass ihm zum Zweck der Schmerzlinderung Mittel verabreicht werden, die den Todeseintritt beschleunigen (sog. indirekte Sterbehilfe). Selbst wenn der Täter in einem solchen Fall weiß, dass durch die Medikamentenvergabe der Todeseintritt beschleunigt wird, handelt er gerechtfertigt.

Über die Straflosigkeit der indirekten Sterbehilfe besteht Einigkeit. Die Begründungen weichen voneinander ab. Manche gehen davon aus, dass der Täter in Fällen der indirekten Sterbehilfe durch Notstand (§ 34) gerechtfertigt sei. Andere stellen darauf ab, angesichts der Einwilligung in die Schmerzlinderung durch einen Arzt liege schon kein rechtlich missbilligtes Risiko vor, sodass die objektive Zurechnung zu verneinen sei.

Auch die Sterbehilfe durch Unterlassen oder Beenden einer begonnen medizinischen Behandlung ist bei einer tödlichen Erkrankung gerechtfertigt, wenn dies dem tatsächlichen oder mutmaßlichem Patientenwillen entspricht.

(2) Nach **§ 228** handelt der Täter trotz der Einwilligung in eine Körperverletzung rechtswidrig, wenn die Tat gegen die **guten Sitten verstößt**. Dabei kommt es allerdings weniger darauf an, dass die Körperverletzung das Anstandsgefühl aller billig und gerecht Denkenden verletzt. Vielmehr ist vorrangig auf **Art und Gewicht des eingetretenen Körperverletzungserfolges** sowie des damit einhergehenden Gefahrengrades für Leib und Leben des Opfers abzustellen. Eine Einwilligung ist demnach ausgeschlossen, wenn die Körperverletzung eine konkrete Gefahr des Todes, schwerer Folgen i.S.v. § 226 Abs. 1 oder sonst schwerer Gesundheitsschäden begründet. Allerdings kann auch der Zweck der Körperverletzung eine Rolle spielen.

Beispiel: Ein Patient kann in eine medizinisch indizierte Operation auch dann wirksam einwilligen, wenn die Durchführung eine erhebliche Gefahr für sein Leben begründet. – Geht es dagegen um einverständlich durchgeführte, aber „sinnlose" Schlägereien rivalisierender Gruppen, können die Gesamtumstände die Sittenwidrigkeit begründen, auch wenn nicht in jedem Einzelfall die Gefahr erheblicher Verletzungen besteht.

bb) Einwilligungsfähigkeit

Der Einwilligende muss **einwilligungsfähig** sein, also in der Lage sein, Wesen, Bedeutung und Tragweite des Rechtsschutzverzichts zu erkennen. Nach h.M. kommt es allein auf die natürliche Einsichts- und Urteilsfähigkeit an, nicht auf die Geschäftsfähigkeit i.S.d. Zivilrechts. Bei Minderjährigen können Eltern als gesetzliche Vertreter (§§ 1626 Abs. 1, 1629 Abs. 1 BGB) in Handlungen einwilligen, die dem Wohl des Kindes entsprechen (§ 1627 S. 1 BGB). Je geringer die Verletzungsintensität ist, desto eher können Minderjährige einwilligen.

Beispiel: Ein 13-jähriges Kind kann in wertmäßig geringe Beschädigungen seines Eigentums einwilligen, aber nicht in erhebliche körperliche Verletzungen.

cc) Einwilligungserklärung

Der Einwilligende muss die Einwilligung **vor der Tat nach außen erklären**. Eine nachträgliche Zustimmung (Genehmigung) beseitigt die einmal gegebene Strafbarkeit nicht. Die Einwilligung muss **bei der Tat noch wirksam** sein, wobei zu beachten ist, dass die Einwilligung bis dahin frei widerruflich ist.

Die Einwilligung muss **ernstlich und frei von Willensmängeln** sein. Eine durch Zwang beeinflusste Einwilligung ist deshalb unwirksam. Täuschungen führen nach h.M. zur Unwirksamkeit, wenn sie einen rechtsgutbezogenen Irrtum verursachen, also den Blick auf Folgen, Bedeutung und Tragweite gerade im Hinblick auf das verletzte Rechtsgut verstellen.

Beispiel: T verspricht dem O, 10 € zu zahlen, wenn O sich dafür eine Ohrfeige verpassen lässt. O ist damit einverstanden, da er das Geld gut gebrauchen kann. T schlägt O, zahlt aber – wie geplant – das Geld nicht. – O irrt sich nicht über Intensität oder Art der Körperverletzung, sondern lediglich über den im Rahmen der Einwilligung irrelevanten Umstand, dass er das Geld tatsächlich nicht bekommen wird. Sein Irrtum schließt die Einwilligung also nicht aus.

b) Rechtfertigungshandlung und subjektives Rechtfertigungselement

Der Täter muss **im Rahmen und aufgrund der Einwilligung** handeln, also von einem wirksamen Rechtsschutzverzicht ausgehen und durch den Willen des Einwilligenden zur Tat motiviert worden sein.

4. Mutmaßliche Einwilligung

Weiterhin gibt es noch die hypothetische Einwilligung. Diese zeichnet sich dadurch aus, dass der Täter die Einwilligungserklärung des Rechtsgutinhabers erlangen könnte. Darauf verzichtet der Täter aber, da er annimmt, dass der Rechtsgutinhaber ohnehin zustimmen würde.

Die mutmaßliche Einwilligung ist wie die Einwilligung zu prüfen, allerdings fehlt eine ausdrückliche Einwilligungserklärung. Es kommt darauf an, ob der Rechtsgutinhaber auf Grundlage der erkennbaren Umstände eine **entsprechende Erklärung abgegeben hätte**. Eine nachträgliche Entscheidung des Betroffenen ist dann unbeachtlich. Da die mutmaßliche Einwilligung nur ein Surrogat des fehlenden Willens ist, ist zunächst immer zu prüfen, ob der Betroffene seinen Willen bereits erklärt hat.

Beispiel: Wird ein Bewusstloser ins Krankenhaus eingeliefert, darf der Arzt eine lebensrettende Operation vornehmen, da davon ausgegangen werden kann, dass die Operation mit dem materiellen Interesse des Bewusstlosen übereinstimmt.

Zurechenbarkeit von Deliktsmerkmalen beim Vorsatztäter

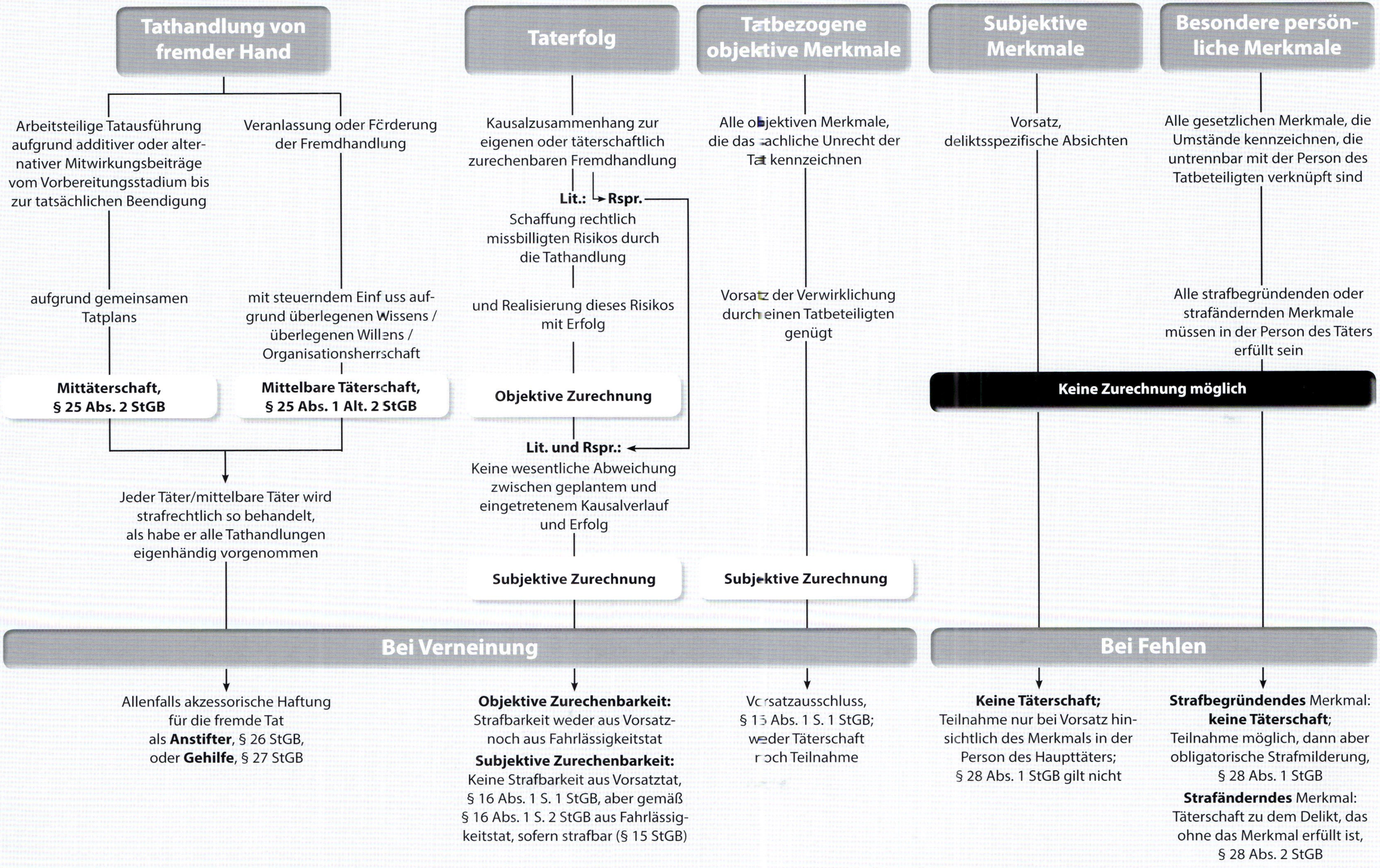

Klausurtypische Unrechts- und Schuldausschlussgründe

Tatbestand

Eigenverantwortliche Selbstverletzung/-gefährdung

Auf dem Prinzip der Selbstverantwortung beruhender Tatbestandsausschluss bei allen Straftaten zum Schutz von persönlichen Rechtsgütern. Voraussetzungen:

- Herrschaft über den letzten erfolgsursächlichen Akt liegt beim Opfer.
- Das Opfer muss den Entschluss dazu in Kenntnis der möglichen Folgen seines Verhaltens und nach strafrechtlichen Maßstäben voll verantwortlich und ohne rechtsgutsbezogenen Irrtum getroffen haben.

Einverständnis

Tatbestandsausschließender Rechtsschutzverzicht des Dispositionsberechtigten; möglich bei allen Tatbestandsmerkmalen, deren Verwirklichung vom entgegenstehenden/fehlenden Willen des Opfers abhängig ist.

- Bei faktischen Positionen genügt der tatsächliche Wille.
- Bei normativen Umständen muss die Entscheidung von einer entscheidungsfähigen Person ohne Willensmängel erklärt worden sein.

Risikoverringerung

Nach dem Schrifttum Zurechnungsausschluss wegen Fehlens eines rechtlich missbilligten Risikos, wenn der Täter

- ein nicht von ihm zu verantwortendes Risiko der Tatbestandsverwirklichung hinausgezögert oder abgeschwächt hat
- und keine neue andersartige Gefahr geschaffen hat.

Rechtswidrigkeit

Spezielle Erlaubnissätze des Besonderen Teils

- § 193 StGB bei Ehrverletzungen
- § 218 a StGB bei Schwangerschaftsabbrüchen

Öffentlich-rechtliche Ermächtigungsgrundlagen

Beim Handeln von Amtsträgern nach dem für § 113 Abs. 3 S. 1 StGB entwickelten strafrechtlichen Rechtsmäßigkeitsbegriff

Jedermann-Festnahme, § 127 I 1 StPO

Sicherung des staatlichen Strafanspruchs durch Private bei

- frischer Tat
- Fluchtverdacht/nicht sofort feststellbarer Identität

Zivilrechtliche Selbsthilfe

Durchbrechung des Gewaltmonopols des Staates

- zur Sicherung gefährdeter Forderungen, § 229 BGB
- zum Schutz des Besitzers vor verbotener Eigenmacht, § 859 BGB

Zivilrechtlicher Notstand bei Einwirkungen auf eine Sache

- zur Abwehr einer von der Sache selbst ausgehenden Gefahr und Herbeiführung eines nicht unverhältnismäßigen Schadens, § 228 BGB
- zur Abwehr einer Gefahr für ein höherwertiges Gut, § 904 BGB

Einwilligung

(Erklärter) Rechtsschutzverzicht des Dispositionsberechtigten,

- der einwilligungsfähig sein muss
- und dessen Entscheidung ernstlich und ohne Willensmängel
- nach außen kundgetan worden sein muss

Mutmaßliche Einwilligung

Eingriff im Interesse des Dispositionsberechtigten, der tatsächlich nicht befragt werden kann, aber nach seinem zu vermutenden Willen eingewilligt hätte

Notwehr, § 32 StGB

Auf dem Rechtsbewährungs- und Schutzprinzip basierendes Verteidigungsrecht

- bei gegenwärtigen, rechtswidrigen Angriffen,
- zur erforderlichen und gebotenen Verteidigung

(Rechtfertigender) Notstand, § 34 StGB

Auf dem Prinzip der Güterabwägung beruhendes Eingriffsrecht bei

- drohender, nicht anders abwendbarer Gefahr für ein
- höherwertiges rechtlich geschütztes Interesse und
- Angemessenheit des Eingriffs

Pflichtenkollision

Recht zur Unterlassung

- beim Zusammentreffen mehrerer gleichwertiger Handlungspflichten und
- Erfüllung eines Handlungsgebots auf Kosten der anderen

Schuld

Notwehrexzess, § 33 StGB

Überschreitung der Grenzen der Erforderlichkeit oder Gebotenheit der Verteidigung aus einem defensiven Affekt bei tatsächlich gegebener Notwehrlage

(Entschuldigender) Notstand, § 35 StGB

Abwehr einer gegenwärtigen Gefahr für Leib, Leben oder Freiheit für den Täter oder eine ihm nahestehende Person

Übergesetzlicher Notstand, § 35 StGB analog

Abwehr einer nicht zumutbaren Gefahr für Leib und Leben für eine dem Täter nicht nahestehende Person durch Tötung oder Verletzung einer anderen Person, deren Rechtsgüter auch ohne den Eingriff verloren gewesen wären (str.)

Strafrechtliche Irrtumslehre: Behandlung von Fehlvorstellungen des Alleintäters bzgl. Tatbestand, Rechtswidrigkeit und Schuld

Bezugspunkt:	Unkenntnis:	Irrige Annahme:
Objektiver Tatbestand		
Tatsachen, sozialer Singgehalt und sog. Rechtstatsachen, durch die ein *strafbegründendes* oder *strafschärfendes* Merkmal ausgefüllt wird (= Umstände)	**Tatbestandsirrtum:** Keine Bestrafung aus Vorsatztat, § 16 I 1 StGB; wenn Fahrlässigkeitstatbestand existiert, Bestrafung hieraus möglich, § 16 I 2 StGB	**Umgekehrter Tatbestandsirrtum:** Untauglicher Versuch, § 22 StGB; bei irriger Annahme nur des strafschärfenden Merkmals: Versuch in Tateinheit mit vollendetem Grunddelikt
Umstände (s.o.), die ein *strafmilderndes* Merkmal ausfüllen	**Tatbestandsirrtum:** Keine Bestrafung aus Privilegierung, sondern nur aus Grundtatbestand	**Umgekehrter Tatbestandsirrtum:** Bestrafung aus Privilegierung, § 16 II StGB
Strafrechtliche Reichweite des Merkmals	Für Vorsatz irrelevanter **Subsumtionsirrtum**, ggf.: → Verbotsirrtum	**Umgekehrter Subsumtionsirrtum:** Strafloses Wahndelikt
Verbotensein der Tat als solches	**Verbotsirrtum**, § 17 StGB	**Umgekehrter Verbotsirrtum:** Strafloses Wahndelikt
Rechtfertigung		
Tatsachen, durch die ein anerkannter Rechtfertigungsgrund ausgefüllt wird	Fehlen des subjektiven Rechtfertigungselements: ▪ Nach Rspr.: keine Rechtfertigung ▪ Nach Lehre vom Handlungs- und Erfolgsunrecht: bei Vorsatztat Bestrafung aus Versuch; bei Fahrlässigkeitstat Straflosigkeit	Eingeschränkte Schuldtheorie: **Erlaubnistatbestandsirrtum** mit Rechtsfolge des § 16 I 1 StGB (analog); wenn Fahrlässigkeitstatbestand existiert, Bestrafung hieraus möglich, § 16 I 2 StGB (analog)
Rechtstatsachen, von denen die Erfüllung eines Erlaubnismerkmals abhängt	Irrige Annahme der Rechtswidrigkeit der eigenen Handlung bei Kenntnis der Konfliktlage und Rettungswillen – **Umgekehrter Verbotsirrtum:** Tat ist gerechtfertigt; Fehlvorstellung begründet nur strafloses Wahndelikt	Eingeschränkte Schuldtheorie: ▪ Bei Rechtsirrtümern auf Voraussetzungsseite eines anerkannten Rechtfertigungsgrundes: **Erlaubnistatbestandsirrtum** (→ siehe oben) ▪ Bei Rechtsirrtümern über gesamttatbewertende Rechtfertigungsmerkmale: **Erlaubnisirrtum** (→ siehe unten)
Strafrechtliche Reichweite des Erlaubnismerkmals		
Existenz eines nicht anerkannten Erlaubnissatzes	Nicht denkbar; Tat ist rechtswidrig	Indirekter Verbotsirrtum = **Erlaubnisirrtum:** zu behandeln wie Verbotsirrtum, § 17 StGB
Entschuldigung		
Tatsachen, durch die ein anerkannter Entschuldigungsgrund ausgefüllt wird	Entschuldigungsgrund greift nicht ein	**Entschuldigungstatbestandsirrtum:** § 35 II StGB (analog für alle anerkannten Entschuldigungsgründe): bei Unvermeidbarkeit Entschuldigung; bei Vermeidbarkeit nur Strafmilderung möglich
Existenz und Grenzen eines Entschuldigungsgrundes	Irrige Annahme der Schuldhaftigkeit des eigenen Verhaltens bei Kenntnis der Konfliktlage und Rettungswillen: Tat ist entschuldigt; Fehlvorstellung begründet nur strafloses Wahndelikt	Rechtsirrtum für Schuldspruch unerheblich; allenfalls Berücksichtigung auf Strafzumessungsebene

Versuch und Rücktritt

	Einzeltäter Begehungsdelikt	Einzeltäter unechtes Unterlassungsdelikt	Mittäter / mittelbarer Täter	Teilnehmer	Besondere Konstellationen
Strafbarkeit des Versuchs	▪ Bei **Verbrechen** immer, §§ 23 Abs. 1 Alt. 1, 12 Abs. 1 StGB ▪ Bei **Vergehen** nur, wenn ausdrücklich bestimmt, §§ 23 Abs. 1 Alt. 2, 12 Abs. 2 StGB			▪ Bei Versuch der Haupttat ist vollendete Teilnahme daran möglich ▪ Bei **versuchter Teilnahme:** – Versuchte Beihilfe straflos – Versuchte (Ketten-)Anstiftung nach § 30 Abs. 1 S. 1/§ 159 StGB strafbar	▪ Bei **Erfolgsqualifikationen:** erfolgsqualifizierter Versuch und versuchte Erfolgsqualifikation strafbar (h.M.) ▪ Auch **untaugliche Versuche** strafbar, sogar bei unechten Unterlassungsdelikten; Arg. §§ 22, 23 Abs. 3 StGB
Tatentschluss	▪ **Endgültiger Handlungswille** in **Kenntnis/Annahme** aller für die **Tatbestandsverwirklichung** erforderlichen **Umstände** ▪ Erfüllung deliktsspezifischer **subjektiver Merkmale**	Zusätzlich zu den allgemeinen Anforderungen: ▪ Vorsatz zur eigenen **Untätigkeit** bzgl. Deliktserfolg ▪ Kenntnis/Annahme eigener **tatsächlicher** und **zumutbarer Erfolgsabwendungsmöglichkeit** ▪ Kenntnis/Annahme eigener **Garantenstellung**	**Mittäter:** ▪ Kenntnis/Annahme eines gemeinsamen Tatplans und von Umständen den gemeinschaftlicher Tatausführung (Lit.) ▪ Täterwille (Rspr.) **Mittelbarer Täter:** ▪ Kenntnis/Annahme normativer/psychologischer/organisatorischer Tatherrschaft (Lit.) ▪ Grds. Tatherrschaft, ggf. hohes Tatinteresse ausreichend (Rspr.)	▪ Kenntnis/Annahme aller Umstände einer hinreichend konkreten vorsätzlichen, rechtswidrigen Haupttat ▪ (Ketten-)Anstiftungsvorsatz	▪ Kein Tatentschluss bei „Herbeiwünschen" des Deliktserfolges durch irreale, willentlich nicht beherrschbare Umstände oder okkultistische Handlungen **(„abergläubischer Versuch")** ▪ Kein Tatentschluss bei irriger Annahme eigener Strafbarkeit trotz richtiger Tatsachenkenntnis aufgrund eines umgekehrten Verbotsirrtums oder umgekehrten Subsumtionsirrtums **(„Wahndelikt")**
Versuchsbeginn	**§ 22 StGB:** nach **Vorstellung des Täters** von der Tatsachenlage und Berücksichtigung seines Tatplans **Unmittelbares Ansetzen** zur Tatbestandsverwirklichung ▪ durch Teilverwirklichung ▪ oder nach Gefährdungstheorie/Zwischenakttheorie ▪ bei abgeschlossenem Täterhandeln nach Entlassungstheorie	**§ 22 StGB:** nach **Vorstellung des Täters** von der Tatsachenlage und Berücksichtigung seines Tatplans **Unmittelbares Ansetzen** zur Tatbestandsverwirklichung ▪ nach Gefährdungstheorie ▪ oder nach Entlassungstheorie (h.M.)	**§ 22 StGB:** nach **Vorstellung des Täters** von der Tatsachenlage und Berücksichtigung seines Tatplans **Unmittelbares Ansetzen** zur Tatbestandsverwirklichung ▪ **Mittäter:** Gesamtlösung (h.M.) ▪ **Mittelbarer Täter:** – nach Gefährdungstheorie – oder nach Entlassungstheorie ▪ auch bei scheinbarer Mittäterschaft oder mittelbarer Täterschaft als untauglicher Versuch (str.)	**§ 30 Abs. 1 S. 1 StGB:** nach **Vorstellung des Teilnehmers** **Unmittelbares Ansetzen** zum Hervorrufen des Tatentschlusses	Bei **actio libera in causa-Tat:** Versuchsbeginn nach der Vorverlegungstheorie schon mit Beginn des Verlusts der Schuldfähigkeit (str.)
Rücktritt	**§ 24 Abs. 1 StGB:** ▪ Im Zeitpunkt der Tataufgabe noch **dieselbe**, bis dahin nur **versuchte** Tat; bei aus Tätersicht weiteren Handlungsmöglichkeiten entscheidet über die Rücktrittsfähigkeit der Rücktrittshorizont und die Gesamtbetrachtung ▪ Beim **unbeendeten Versuch** durch freiwillige Aufgabe weiterer Tatausführung (S. 1 Alt. 1) ▪ Beim **beendeten** Versuch – Freiwillige Vollendungsverhinderung (S. 1 Alt. 2) – Bei fehlender Verhinderungskausalität freiwillige und ernsthafte Verhinderungsbemühungen (S. 2)	**§ 24 Abs. 1 StGB:** wie beim **beendeten Versuch** ▪ Freiwillige Vollendungsverhinderung (S. 1 Alt. 2) ▪ Bei fehlender Verhinderungskausalität ernsthafte und freiwillige Verhinderungsbemühungen (S. 2) durch Vornahme der gebotenen Handlung	**§ 24 Abs. 2 StGB:** wie beim **beendeten Versuch** ▪ Freiwillige Vollendungsverhinderung (S. 1) ▪ Bei fehlender Verhinderungskausalität oder bei mitwirkungsunabhängiger Tatvollendung ernsthafte und freiwillige Verhinderungsbemühungen (S. 2) ▪ Nach BGH auch durch einvernehmliche Tataufgabe mehrerer Mittäter	**§ 31 StGB:** ▪ Freiwillige Aufgabe des Anstiftungsvorhabens und Abwendung der Gefahr der Tatbegehung (Abs. 1 Nr. 1) ▪ Bei fehlender Verhinderungskausalität oder bei mitwirkungsunabhängiger Tatbegehung ernsthafte und freiwillige Verhinderungsbemühungen (Abs. 2)	▪ Rücktritt nach **Fehlschlag**, also Unmöglichkeit der Tatbestandserfüllung im Zuge derselben Tat aus Tätersicht, Rücktritt nicht mehr möglich ▪ Rücktritt vom Grunddeliktsversuch beseitigt Strafbarkeit aus **Erfolgsqualifikation** trotz Eintritts des strafschärfenden Erfolges ▪ **Teilrücktritt** nur von dem Versuch einer Vorsatzqualifikation nach Rspr. nicht möglich ▪ Von **actio libera in causa-Versuch** und **Rauschtatversuch** Rücktritt möglich

5. Irrtümer auf Rechtfertigungsebene

Es lassen sich zwei Erscheinungsformen von Irrtümern auf Rechtfertigungsebene unterscheiden: Einerseits kann der Täter keine Kenntnis von der objektiven Rechtfertigung haben (fehlendes subjektives Rechtfertigungselement) und andererseits kann er irrig annehmen, gerechtfertigt zu handeln. In der letzten Erscheinungsform kommt es darauf an, danach zu unterscheiden, ob diese irrige Annahme ihre Ursache auf Sachverhaltsebene (Erlaubnistatbestandsirrtum) oder auf Bewertungsebene (Erlaubnisirrtum) hat.

Der Erlaubnistatbestandsirrtum und seine Rechtsfolgen können an unterschiedlichen Stellen im Prüfungsaufbau erörtert werden. In der Rechtswidrigkeit ist zunächst der vorgestellte Rechtfertigungsgrund abzulehnen, aber dann zu erörtern, ob der Täter auf Basis seiner Vorstellung gerechtfertigt wäre. Dann kann, ggf. in einem separaten Prüfungspunkt, zum Erlaubnistatbestandsirrtum übergegangen werden.

a) Fehlen des subjektiven Rechtfertigungselements

Umstritten ist, wie sich das Fehlen des subjektiven Rechtfertigungselement auswirkt, wenn der Täter nach der objektiven Lage tatsächlich gerechtfertigt wäre. Die Rspr. hat früher aus vollendeter Tat bestraft, wenn der Täter keine Kenntnis von der Notwehrlage hatte und daher nicht mit Verteidigungswillen handelte. Dagegen meint die h.L., dass wegen der objektiven Rechtfertigungslage das Erfolgsunrecht fehlt, sodass nur eine Versuchsstrafbarkeit in Betracht komme. Dem hat sich der BGH mittlerweile für den Fall der objektiven Voraussetzungen einer rechtfertigenden Einwilligung angeschlossen.

Beispiel: Die Ehefrau wird nachts wach, weil sie Geräusche an der Haustür hört. Sie denkt, dass ihr Ehemann mal wieder betrunken nach Hause kommt und will diesem eine Lektion verpassen. Als sich die Tür öffnet, schlägt sie die hereinkommende Person nieder. Tatsächlich war es aber nicht der Ehemann, sondern ein Verbrecher, der wusste, dass die Frau allein zu Hause ist und sie vergewaltigen wollte.– Die Ehefrau handelte nur mit dem Willen, Unrecht zu verwirklichen, während sie tatsächlich gemäß § 32 den Eindringling niederschlagen durfte. Daher liegt nur das Handlungsunrecht und damit eine dem Versuch vergleichbare Konstellation vor. Daher kommt – trotz tatsächlicher Verletzung – nur eine versuchte Körperverletzung in Betracht.

b) Erlaubnistatbestandsirrtum und Erlaubnisirrtum

Nimmt der Täter irrig **Tatsachen** an, die seine Handlung durch einen rechtlich anerkannten Rechtfertigungsgrund rechtfertigen würden, wenn seine Vorstellung zuträfe, liegt ein **Erlaubnistatbestand**sirrtum vor. Abzugrenzen ist dieser Irrtum vom **Erlaubnis**irrtum, bei dem sich der Täter über die **rechtlichen Grenzen eines anerkannten Rechtfertigungsgrundes** irrt oder irrig die **Existenz eines nicht existenten Rechtfertigungsgrund** annimmt. Umstritten ist, ob welche Rechtsfolge sich an das Vorliegen eines Erlaubnistatbestandsirrtum knüpft, ob dieser als Verbotsirrtum i.S.v. § 17 zu behandeln ist oder einem Tatbestandsirrtum nach § 16 Abs. 1 S. 1 zumindest nahesteht.

In der Klausur müssen Sie also zunächst ganz prüfen, ob ein Erlaubnistatbestandsirrtum vorliegt. Sie geben die Definition wieder und prüfen dann eine hypothetische Rechtfertigung, d.h. Sie unterstellen die Tätervorstellung als wahr und prüfen dann auf dieser Grundlage alle in Betracht kommenden Rechtfertigungsgründe durch. Erst wenn Sie zu dem Ergebnis kommt, dass der Täter nach seiner (Tatsachen-)Vorstellung gerechtfertigt wäre, gehen Sie auf den Streit um die Rechtsfolgen des Erlaubnistatbestandsirrtum ein.

Beispiel: T hört laute Hilfe- und Schmerzensschreie aus der Nachbarwohnung und geht von einem Gewaltverbrechen aus. Daher tritt er die Wohnungstür ein, um seinen Nachbarn beizustehen. Diese sind wohlauf und schauen mit hoher Lautstärke einen Horrorfilm.

aa) Die **strenge Schuldtheorie** wendet § 17 an, sodass ein Schuldausschluss nur in Betracht kommt, wenn der Irrtum unvermeidbar war. Demnach wird also nicht zwischen rechtlichen und tatsächlichen Irrtümern hinsichtlich des Unrechts unterschieden.

bb) Die Rspr. und h.L. wollen dagegen § 16 Abs. 1 S. 1 entsprechend anwenden, wenn dem Täter der Vorsatz des rechtswidrigen Handelns fehlt. Ausgangspunkt dieser **eingeschränkten Schuldtheorie** ist die überzeugende Einsicht, dass es einen Unterschied macht, ob sich der Täter bei Kenntnis der tatsächlichen Umstände „rechtsblind" verhält und ihm deshalb die Unrechtseinheit fehlt oder ob sich der Täter eigentlich rechtskonform verhalten will und dabei von falschen Tatsachen ausgeht. Dabei existieren unterschiedliche Varianten der eingeschränkten Schuldtheorie. Teilweise wird analog § 16 Abs. 1 S. 1 der Vorsatz ausgeschlossen, sodass dann auch keine Teilnahme an der Tat des Irrenden möglich ist. Diese als unangemessen angesehene Konsequenz will die sog. **rechtsfolgenverweisende eingeschränkte Schuldtheorie** vermeiden. Demnach entfällt nur die Vorsatz-Schuld, sodass weiterhin eine teilnahmefähige Haupttat vorliegt.

c) Ist eine Bestrafung aus einer Vorsatztat wegen des Erlaubnistatbestandsirrtums nicht möglich, ist ein etwaiges **Fahrlässigkeitsdelikt** zu prüfen. Ein Sorgfaltspflichtverstoß liegt vor, wenn der Täter hätte erkennen können, dass die tatsächlichen Voraussetzungen der Rechtfertigung nicht vorlagen.

Im **Beispiel** wäre daher auf Basis der strengen Schuldtheorie eine Bestrafung wegen Sachbeschädigung (§ 303 Abs. 1) und Hausfriedensbruch (§ 123 Abs. 1) möglich, wenn T hätte erkennen können, dass die Nachbarn keiner Bedrohung ausgesetzt sind, sodass er wegen Vermeidbarkeit schuldhaft gehandelt hätte. Nach der eingeschränkten Theorie wäre eine Bestrafung aus diesen Vorsatzdelikten jedoch nicht möglich. Es wäre dann nur eine Ablehnung der strengen Schuldtheorie erforderlich; eine Entscheidung, welcher Variante der eingeschränkten Schuldtheorie man folgt, wäre überflüssig.

VI. Schuld

Auf dem Poster zu klausurtypischen Unrechts- und Schuldausschlussgründen in der Mitte dieses Überblicks finden sich wesentliche Informationen zu einzelnen Entschuldigungsgründen kurz zusammengefasst.

Fehlen im Sachverhalt Angaben zur Schuld, genügt eine kurze Feststellung wie „T handelte schuldhaft".

Nach dem **Schuldprinzip** muss der Täter schuldhaft gehandelt haben. Schuld ist **Vorwerfbarkeit**, d.h. dem Täter wird vorgeworfen, dass er sich auf die Seite des Unrechts gestellt und damit gegen das Recht entschieden hat. Schuldhaftes Handeln setzt **Schuldfähigkeit** voraus. Bei Kindern unter 14 Jahren fehlt diese gemäß § 19 generell, bei Jugendlichen (14 bis 18 Jahre) kommt es gemäß § 3 S. 1 JGG auf die sittliche und geistige Reife an. Erwachsene sind grundsätzlich schuldfähig, wenn nicht eine Störung nach § 20 vorliegt. Daneben ist die Schuld in bestimmten Ausnahmesituationen ausgeschlossen, wenn dem Täter ein normgemäßes Verhalten nicht zuzumuten ist. Diese **Entschuldigungsgründe** sind z.B. in §§ 33, 35 geregelt.

1. Schuldunfähigkeit wegen seelischer Störungen, § 20

a) Alkoholbedingter Rauschzustand

Weil die BAK lediglich ein Indiz für Schuldunfähigkeit sein kann, sollte sie auch in einer Klausur mit weiteren Anhaltspunkten im Sachverhalt (z.B. Ausfallerscheinungen) begründet werden. Wenn der Täter aber nach dem Sachverhalt „volltrunken", „völlig berauscht" usw. ist, ist von Schuldfähigkeit auszugehen. Es genügt jedoch nicht, dass nur mitgeteilt ist, dass der Täter überhaupt Alkohol konsumiert hat. Die verminderte Schuldfähigkeit nach § 21 kommt bei Werten ab 2,0 ‰ in Betracht, wobei § 21 als Strafzumessungsvorschrift in der Klausur nicht zu prüfen ist.

Klausurrelevant ist vor allem der alkoholbedingte Rausch des Täters zum Tatzeitpunkt, der nach h.M. eine **krankhafte seelische** Störung darstellt. Als Richtwert ist bei einem BAK-Wert von 3,0 ‰ die Schuldfähigkeit ausgeschlossen, wobei bei Tötungsdelikten oder „erfahrenen" Trinkern im Einzelfall höhere Werte gelten. Ist der Täter aufgrund eines Alkoholrausches gemäß § 20 schuldunfähig oder ist dies nicht auszuschließen, kommt eine Strafbarkeit gemäß § 323 a wegen Vollrausches in Betracht.

b) actio libera in causa (a.l.i.c.)

Hat der Täter sich betrunken, um im Zustand der Schuldunfähigkeit eine Straftat zu begehen, wird mit unterschiedlichen Begründungen eine Bestrafung aus dem jeweiligen Delikt grundsätzlich dennoch bejaht.

aa) Das **Ausnahmemodell** versteht die actio libera in causa als gewohnheitsrechtlich anerkannte Ausnahme von § 20. Dagegen spricht jedoch, dass eine gewohnheitsrechtliche Begründung der Strafbarkeit gegen das Gesetzlichkeitsprinzip nach Art. 103 Abs. 2 GG, § 1 verstößt.

bb) Nach dem **Ausdehnungsmodell** bezieht sich die Formulierung „bei Begehung der Tat" i.S.d. § 20 auch auf die Phase des Betrinkens. War der Täter zu diesem Zeitpunkt schuldfähig, begehe er die Tat daher schuldhaft.

cc) Die h.M. folgt dem **Vorverlagerungsmodell**. Anknüpfungspunkt für die Strafbarkeit ist daher nicht die Handlung im schuldunfähigen Zustand, sondern – auf Basis der Äquivalenztheorie – das Betrinken selbst, da auch dieses eine Ursache der späteren Tat bilde. Voraussetzung ist, dass der Täter hinsichtlich der Herbeiführung seiner Schuldunfähigkeit und der späteren Tatbegehung vorsätzlich, rechtswidrig und schuldhaft gehandelt hat (vorsätzliche a.l.i.c.). Ausgeschlossen ist dieser Ansatz nach der Rspr. aber bei sog. verhaltensgebundenen Delikten, die eine bestimmte Tathandlung voraussetzen. Denn das Betrinken kann z.B. nicht als das „Führen" eines Fahrzeuges i.S.v. § 315 c Abs. 1 Nr. 1 a verstanden werden.

Beispiel: T betrinkt sich bis zur Besinnungslosigkeit, obwohl er weiß, dass er im Alkoholrausch in der Regel Gewalttätigkeiten begeht, und schlägt dann den O. Durch den Schlag kann T sich nach h.M. nicht wegen Körperverletzung (§ 223 Abs. 1) strafbar machen, da er zu diesem Zeitpunkt gemäß § 20 schuldunfähig ist. Er könnte das Körperverletzungsdelikt jedoch schon durch das Betrinken verwirklicht haben. Das Betrinken war ursächlich, weil T den O nicht geschlagen hätte, wenn er sich nicht betrunken hätte. Da T auch wusste, dass er im Vollrauch in der Regel gewalttätig wird, liegt eine vorsätzliche a.l.i.c. vor, sodass er sich auf Grundlage des Vorverlagerungsmodells gemäß § 223 Abs. 1 durch das Betrinken strafbar gemacht hat.

2. Notwehrexzess, § 33

Nach h.M. handelt der Täter auch dann ohne Schuld, wenn er gemäß § 33 die Notwehr überschreitet. Um eine **Überschreitung der Notwehr** handelt es sich nach h.M. nur, wenn die Verteidigung des Täters nicht erforderlich oder nicht geboten ist **(intensiver Notwehrexzess)**. Verteidigt er sich hingegen gegen einen Angriff, der noch nicht oder nicht mehr gegenwärtig ist **(extensiver Notwehrexzess)**, ist § 33 demnach nicht einschlägig. Erst recht scheidet die Norm aus, wenn der Täter sich in nicht erforderlicher oder gebotener Weise gegen einen tatsächlich nicht vorliegenden Angriff wehrt **(Putativnotwehrexzess)**. Dahinter steckt die Überlegung, dass das Unrecht der Tat nur dann gemindert ist, wenn tatsächlich eine Notwehrlage besteht, auch wenn der Täter die Grenzen der zulässigen Verteidigung überschreitet. Voraussetzung ist weiterhin, dass der Täter **aus Verwirrung, Furcht oder Schrecken** (asthenische Affekte) die Grenzen der erlaubten Notwehr überschreitet.

3. Entschuldigender Notstand, § 35

Der **entschuldigende Notstand** gemäß § 35 Abs. 1 ähnelt aufbautechnisch dem Notstand nach § 34. Unterschiede liegen vor allem bei dem bedrohten Rechtsgut und der Interessenabwägung. Eine Regelung für den Entschuldigungstatbestandsirrtum enthält § 35 Abs. 2, wonach bei Unvermeidbarkeit des Irrtums die Schuld ebenfalls ausgeschlossen ist.

a) Es muss eine **gegenwärtige Gefahr für Leib, Leben oder die Fortbewegungsfreiheit** für den Täter selbst, einen Angehörigen i.S.d. § 11 Abs. 1 Nr. 1 oder eine andere nahestehende Person bestehen.

b) Die Notstandshandlung muss **erforderlich** sein, um die Gefahr zu beseitigen. Weiterhin darf es dem Täter **nicht zumutbar sein, die Gefahr hinzunehmen**. Das Gesetz nennt dafür nicht abschließend die Gefahrverursachung durch den Täter oder eine besondere Gefahrtragungspflicht des Täters.

Beispiel: Soldaten haben nach § 7 SoldatenG eine Tapferkeitspflicht, sodass sie eine erhöhte Pflicht haben, Gefahren für Leib und Leben hinzunehmen.

c) Dem Täter muss es auf die Abwendung der Gefahr ankommen. Anders als beim subjektiven Rechtfertigungselement verlangt auch die h.L. beim subjektiven Entschuldigungselement, dass der Täter durch die entschuldigenden Umstände zur Tat motiviert wurde.

4. Verbotsirrtum, § 17

Ohne Schuld handelt der Täter gemäß § 17 im unvermeidbaren Verbotsirrtum. Bei Vermeidbarkeit des Irrtums kann die Strafe gemildert werden.

a) Dem Täter **fehlt** die **Einsicht, Unrecht zu tun**, wenn er im Zeitpunkt der Begehung der Tat nicht weiß, dass seine Handlung gegen die Rechtsordnung verstößt. Irrelevant ist, ob er sich vorstellt, sein Verhalten sei strafbar.

b) An die **Vermeidbarkeit** des Irrtums sind hohe Anforderungen zu stellen. Der Täter muss unter Aufbietung seiner intellektuellen Erkenntniskräfte sein Gewissen anspannen, um dadurch das Unrechtmäßige seiner Handlung zu erkennen. Anderenfalls ist der Irrtum vermeidbar. Das Maß der erforderlichen Gewissensanspannung richtet sich nach den Umständen des Einzelfalles, wobei auf den Lebens- und Berufskreis des Täters sowie auf seine individuellen Fähigkeiten abzustellen ist.

B. Modifizierende Regelungen zu Straftatbeständen des Besonderen Teils

Einige Regelungen des Allgemeinen Teils konkretisieren oder ergänzen nicht nur die im Besonderen Teil geregelten Voraussetzungen eines Straftatbestands, sondern modifizieren sie. In diesen Fällen ist schon im Obersatz eine Norm aus dem Allgemeinen Teil zu zitieren.

I. Versuch

Die **1. Besonderheit** der Versuchsprüfung liegt in dieser „Vorprüfung", d.h., dass der Täter das Delikt nicht vollendet hat und dass der Versuch strafbar ist. In unproblematischen Fällen genügt nach dem Obersatz eine kurze Feststellung, dass eine Vollendungsstrafbarkeit nicht vorliegt und dass der Versuch strafbar ist (etwa weil der Tatbestand ein Verbrechen ist, vgl. §§ 23 Abs. 1, 12 Abs. 1). In komplizierten Fällen sollte dagegen zunächst die Vollendungsstrafbarkeit eigenständig geprüft werden.

Der Versuch ist gemäß § 23 Abs. 1 bei Verbrechen immer strafbar, bei Vergehen nur, wenn dies ausdrücklich angeordnet ist (z.B. § 223 Abs. 2). Verbrechen sind gemäß § 12 Abs. 1 Taten, die im Mindestmaß mit einer Freiheitsstrafe von einem Jahr und darüber bedroht sind. Strafzumessungsregeln bleiben dabei außer Betracht (§ 12 Abs. 3), Qualifikationen (z.B. § 244 Abs. 4) können dagegen die Einordnung als Verbrechen oder Vergehen ändern. Im Obersatz ist die Handlung zu nennen, mit welcher der Täter unmittelbar zur Tat angesetzt haben könnte.

Beispiel: Wenn T bei O klingelt, um ihn zu schlagen, wenn er die Tür aufmacht, ist zu prüfen, ob T sich wegen versuchter Körperverletzung strafbar gemacht hat, indem er bei O geklingelt hat.

Nach § 23 Abs. 3 kann die Strafe gemildert oder von Strafe abgesehen werden, wenn der Täter **aus grobem Unverstand verkannt** hat, dass die Vollendung nicht eintreten wird. Im Umkehrschluss ergibt sich hieraus die **Strafbarkeit des untauglichen Versuchs**.

Beispiel: Der minderbemittelte T will mit einer Zwille Passagierflugzeuge, die sich in Reiseflughöhe befinden, abschießen. – Jedem halbwegs vernünftigen Menschen ist sofort klar, dass das Tatmittel völlig ungeeignet ist, den vorgestellten Erfolg herbeizuführen. Dass in diesen Fällen keine Erschütterung der Rechtsgemeinschaft droht, rechtfertigt die Sonderregelung in § 23 Abs. 3.

1. Tatbestand

a) Tatentschluss

Die **2. Besonderheit** der Versuchsprüfung liegt darin, dass Sie mit dem Tatentschluss den subjektiven Tatbestand vor dem objektiven Tatbestand prüfen. Sie prüfen hier den Vorsatz auf Erfüllung der objektiven Merkmale und das Vorliegen besonderer subjektiver Merkmale.

Der Täter muss den **endgültigen und festen Willen** haben, die objektiven Merkmale eines Tatbestands zu erfüllen. Es geht also um die Prüfung des Vorsatzes in Bezug auf ein noch nicht realisiertes Geschehen.

Beispiel: Der Täter, der beim Opfer klingelt, muss entschlossen sein, dass Opfer zu schlagen, wenn es die Tür aufmacht. Wenn er es sich bis dahin nochmal überlegen will, kann er sich durch das Klingeln nicht wegen versuchter Körperverletzung strafbar machen. Dagegen liegt der Tatentschluss vor, wenn der Täter die Durchführung von äußeren Bedingungen abhängig macht, die er nicht selbst beeinflussen kann, soweit er bei Eintritt der Bedingung die Tat begehen will (sog. Tatentschluss auf unsicherer Tatsachengrundlage).

Setzt das Delikt des Besonderen Teils besondere Vorstellungen oder Motivationen des Täters voraus (z.B. die subjektiven Mordmerkmale bei § 211), sind auch diese im Tatentschluss zu prüfen.

b) Versuchsbeginn, § 22

Das Fassen des Tatentschlusses an sich oder gar das Nachdenken über eine Tat ist für den Einzeltäter nicht strafbar, denn allein eine böse Gesinnung kann noch keine Strafbarkeit begründen. Auch Vorbereitungshandlungen eines Einzeltäters sind grundsätzlich straflos, soweit keine besonderen Vorschriften bestehen (z.B. § 263 a Abs. 3). **Für den strafbaren Versuch muss der Täter daher gemäß § 22 nach seiner Vorstellung unmittelbar zur Tat ansetzen.** Nach der herrschenden Kombinationslehre muss der Täter subjektiv die Schwelle zum „Jetzt geht es los" überschritten und objektiv zur tatbestandsmäßigen Handlung angesetzt haben, sodass sein Tun **ohne wesentliche Zwischenschritte** in die Tatbestandserfüllung einmünden kann. Hier liegt häufig ein Klausurschwerpunkt, da es um die Entscheidung Straflosigkeit/Strafbarkeit geht. Längere Ausführungen sind dagegen meist nicht erforderlich, wenn der Täter bereits den objektiven Tatbestand teilweise erfüllt hat.

Die **3. Besonderheit** der Versuchsprüfung liegt darin, dass im objektiven Tatbestand nur das unmittelbare Ansetzen zu prüfen ist. Das ist wichtig, wenn Sie etwa einen versuchten Mord prüfen: Alle Mordmerkmale, also objektive und subjektive, werden im Tatentschluss geprüft!

Beispiel: T will den O ausrauben (§ 249 Abs. 1) und schlägt ihn zunächst. Zur Wegnahme des Geldes kommt es jedoch nicht, da ein Polizist einschreitet. – Da T bereits Gewalt gegen O angewendet und damit eine Teilhandlung des Raubes vorgenommen hat, hat er i.S.v. § 22 unmittelbar angesetzt.

2. Rechtswidrigkeit und Schuld

Im Bereich der Rechtswidrigkeit und Schuld ergeben sich beim versuchten Delikt im Vergleich zum vollendeten Delikt keine Besonderheiten.

3. Rücktritt des Einzeltäters, § 24 Abs. 1

Der (Einzel-)Täter wird **nicht bestraft**, wenn er gemäß § 24 Abs. 1 vom Versuch zurücktritt. Es handelt sich um einen **persönlichen Strafaufhebungsgrund**, der nach der Schuld zu prüfen ist und die Strafbarkeit anderer Beteiligter unberührt lässt.

Die **4. Besonderheit** der Versuchsprüfung liegt darin, dass Sie immer einen etwaigen Rücktritt beachten müssen!

a) Unbeendeter Versuch, § 24 Abs. 1 S. 1 Alt. 1

aa) Der Täter muss die **weitere Ausführung der Tat aufgeben**. Dies setzt voraus, dass der Täter sich vorstellt, noch nicht alles für die Tatbestandsverwirklichung Erforderliche getan zu haben (unbeendeter Versuch), dies aber noch tun zu können (kein Fehlschlag). Er gibt die weitere Ausführung auf, wenn er die Handlung unterlässt, mit der er seiner Vorstellung nach die Tat vollenden würde.

Der BGH prüft die Frage des Fehlschlags häufig an erster Stelle, ohne zuvor auf die Abgrenzung unbeendeter/beendeter Versuch einzugehen. Das Problem kann aber auch im Rahmen des Aufgebens der weiteren Ausführung der Tat erörtert werden.

Beispiel: Hat T geklingelt, um O zu schlagen, sobald er die Tür öffnet, kann T zurücktreten, indem er doch nicht zuschlägt, sobald O die Tür öffnet. Erkennt T, dass O die Tür nicht öffnen wird und er ihn daher nicht schlagen kann, ist der Versuch fehlgeschlagen.

Nach h.L. handelt es sich auch dann um einen fehlgeschlagenen Versuch, wenn der Täter meint, zwar den Tatbestand an sich erfüllen, sein eigentliches Ziel aber nicht mehr erreichen zu können. Die Rspr. hält dies für irrelevant, weil der Täter die Tat, nicht aber sein eigentliches Ziel aufgeben müsse.

Nach einem anderen Ansatz fehlt es in solchen Fällen an der Freiwilligkeit. Diese sei nicht nur ausgeschlossen, wenn der Täter ein (vermeintlich) erhöhtes Risiko nicht mehr hinnehmen wolle. Der Täter trete auch dann nicht freiwillig zurück, wenn er das Risiko nicht hinnehmen wolle, weil die Tat aus seiner Sicht sinnlos geworden sei.

Beispiel: Nachdem T an der Tür geklingelt und zum Schlag ausgeholt hat, öffnet ihm – wider Erwarten – nicht O, den er verprügeln will, sondern dessen Ehefrau, die T sagt, dass O nicht zu Hause ist. – Überzeugend wird ein Fehlschlag bejaht, da es T darum ging, die höchstpersönlichen Rechtsgüter einer bestimmten Person zu verletzten. Als „Tat" ist also die Körperverletzung gegenüber O zu verstehen, nicht die Erfüllung des Tatbestandes zu Lasten eines beliebigen Dritten.

Auch bei einem mehraktigen Geschehen ist die Auslegung des Begriffs „Tat" i.S.d. § 24 Abs. 1 S. 1 Alt. 1 umstritten.

Beispiel: T will O mit seinem fünfschüssigen Revolver erschießen. Er schießt viermal, verfehlt O aber jedes Mal, da er in der Aufregung schlecht zielt. Nun verzichtet er darauf, die fünfte Patrone abzufeuern und lässt die Waffe sinken.

Wer jeden der vier Schüsse als einzelne Tat ansieht (so die **Einzelakttheorie**), bejaht einen Fehlschlag jedes einzelnen Schussversuchs, sodass ein Rücktritt ausgeschlossen ist. Die h.M. folgt dagegen der **Gesamtbetrachtungslehre**, nach welcher der Täter seine Vorstellung von der Erfolgstauglichkeit der Teilhandlungen korrigieren kann. Sind die Einzelakte Teile eines durch die subjektive Zielrichtung des Täters verbundenen, örtlich und zeitlich einheitlichen Geschehens, bestimmt sich der Fehlschlag aus der subjektiven Sicht des Täters nach Abschluss seiner letzten Ausführungshandlung. Ein fehlgeschlagener Versuch setzt demnach voraus, dass der Täter in diesem Moment weiß oder zumindest annimmt, dass er den Taterfolg mit den bereits eingesetzten oder anderen zur Hand liegenden Mitteln nicht mehr ohne zeitliche Zäsur herbeiführen kann.

Im **Beispiel** liegt also eine einheitliche Tat vor, die nicht fehlgeschlagen ist, wenn T davon ausgeht, O noch durch den fünften Schuss töten zu können. Da T nach der maßgeblichen Vorstellung nach Abfeuern des vierten Schusses erkennt, dass er noch eine weitere Möglichkeit hat, den Tod herbeizuführen, liegt ein unbeendeter Versuch nach § 24 Abs. 1 S. 1 Alt. 1 vor. Von diesem Versuch kann er durch den Verzicht auf den fünften Schuss zurücktreten.

bb) Der Täter muss die weitere Tatausführung **freiwillig** aufgeben. Nach einer Kurzformel handelt freiwillig, wer aus autonomen, also inneren Motiven die Tat nicht vollendet. Gegenbegriff sind die heteronomen Motive, also vor allem äußere Zwänge.

Beispiel: Neben O, den T schlagen will, taucht auf einmal dessen Freund auf. T erkennt, dass er O immer noch schlagen und so eine Körperverletzung verwirklichen kann. Will er das Risiko, dann selbst verletzt zu werden, jedoch nicht mehr in Kauf nehmen, und schlägt daher nicht zu, gibt er die Tatausführung nicht freiwillig auf.

b) Beendeter Versuch, § 24 Abs. 1 S. 1 Alt. 2 und S. 2

Stellt der Täter sich vor, bereits alles für die Tatbestandsverwirklichung Erforderliche getan zu haben (beendeter Versuch), muss er **freiwillig die Vollendung verhindern** (§ 24 Abs. 1 S. 1 Alt. 2) oder sich jedenfalls **freiwillig und ernsthaft** hierum **bemühen** (§ 24 Abs. 1 S. 2), wenn die Tat ohne sein Zutun nicht vollendet wird.

Der Täter verhindert die Vollendung, wenn er mit einer **Handlung verursacht, dass der Tatbestand nicht verwirklicht wird**. Nach h.M. reichen schon geringfügige Handlungen als Rücktrittsleistung aus, soweit sich darin ein Rettungswillen manifestiert. Der Täter muss demnach nicht das Bestmögliche tun oder sichere Rettungsmaßnahmen ergreifen. Argument ist, dass in § 24 Abs. 1 S. 1 Alt. 2 im Gegensatz zu § 24 Abs. 1 S. 2 keine ernsthafte Bemühungen erforderlich sind.

Beispiel: T hat O mit Tötungsvorsatz angeschossen und erkennt, dass er zu verbluten droht. T ruft die 112 an. Gibt er dabei nicht seinen genauen Standort an und hält es für möglich, dass der Notarzt deshalb zu spät eintrifft, tritt er nach h.M. trotzdem zurück, wenn es dem Notarzt gelingt, O zu retten. Eine a.A. verweist darauf, dass T es für weiterhin möglich hält, dass der Erfolg eintritt. Demnach genügen unsichere Maßnahmen nicht, um die mit dem strafbaren Versuch verbundene Erschütterung der Rechtsgemeinschaft zu entkräften.

II. Begehen durch Unterlassen

Straftaten können nicht nur durch aktives Tun (Begehungsdelikte), sondern auch **durch Unterlassen** verwirklicht werden. Es werden **echte und unechte Unterlassungsdelikte unterschieden**. Bei den **echten** Unterlassungsdelikten ist im jeweiligen Tatbestand eine bestimmte Untätigkeit unter Strafe gestellt, ohne dass es auf einen Verletzungserfolg ankommt, sodass auch nur dieser Tatbestand im Obersatz zitiert wird. Durch § 13 Abs. 1 können praktisch alle Erfolgsdelikte als **unechtes** Unterlassungsdelikt strafbar sein, wenn der

Unterlassende rechtlich dafür einzustehen hat, dass der Erfolg nicht eintritt (sog. Garantenpflicht), und wenn das Unterlassen der Tatbegehung durch aktives Tun gleichgestellt ist (sog. Entsprechungsklausel). Dabei unterscheiden sich sowohl Tatbestandsaufbau als auch mögliche Rechtsfolgen des echten bzw. unechten Unterlassungsdelikts.

Beispiel: Wer einem Verletzten nach einem Verkehrsunfall nicht hilft, kann sich nach § 323 c Abs. 1 wegen unterlassener Hilfeleistung strafbar machen (Höchststrafe: ein Jahr Freiheitsstrafe). – Wer als Elternteil seinem verletzten Kind nicht hilft und dieses stirbt, kann ggf. wegen Mordes durch Unterlassen zu einer lebenslangen Freiheitsstrafe verurteilt werden.

1. Tatbestand

Die Prüfung eines unechten Unterlassungsdelikt erfolgt modifiziert in Bezug auf die Tathandlung: Statt auf ein aktives Tun wird auf ein begehungsgleiches Unterlassen unter den Voraussetzungen von § 13 abgestellt. Für die **Abgrenzung** zwischen aktivem Tun und Unterlassen kommt es grundsätzlich auf den Energieeinsatz und in mehrdeutigen (Retter-)Fällen ergänzend auf den **Schwerpunkt der Vorwerfbarkeit** an. Sollte die Abgrenzung relevant werden, bietet es sich an, zunächst das Begehungsdelikt zu prüfen und dort die Abgrenzung vorzunehmen.

Beispiel: Mutter M lässt ihre drei Jahre alte Tochter T längere Zeit allein in der Wohnung zurück. Obwohl T schon früher in einem unbeaufsichtigten Moment die Herdplatten eingeschaltet hatte, sichert M den Herd nicht. T schaltet den Herd an, verursacht einen Brand und erstickt. – Im Schwerpunkt ist M die Nichtvornahme geeigneter Sicherheitsvorkehrungen vorzuwerfen, während das Verlassen des Hauses als aktives Tun nicht den Kern des Vorwurfs bildet, da dies eine grundsätzlich erlaubte Tätigkeit ist.

a) Ein **tatbestandsmäßiger Erfolg** muss eintreten.

b) Der Täter muss es unterlassen, eine objektiv erforderliche und ihm mögliche **Handlung zur Abwendung des Erfolges** vorzunehmen.

c) Das Unterlassen muss **kausal** für den Erfolgseintritt sein. Da ein Hinwegdenken beim Unterlassen jedoch nicht möglich ist, wird die Bedingungstheorie der Begehungsdelikte im Sinne einer **hypothetischen Kausalität** – oder „Quasi-Kausalität" – abgewandelt. Kausal ist ein Unterlassen, wenn bei Vornahme der gebotenen Handlung der tatbestandliche Erfolg in seiner konkreten Gestalt mit an Sicherheit grenzender Wahrscheinlichkeit nicht eingetreten wäre.

Für die Beurteilung der hypothetischen Kausalität muss die gebotene Handlung also dazu gedacht werden.

d) Nach § 13 Abs. 1 kann wegen eines unechten Unterlassungsdelikts nur bestraft werden, wer **„rechtlich dafür einzustehen hat, dass der Erfolg nicht eintritt"**. Dieses Merkmal wird als **Garantenpflicht** bezeichnet und stellt das Herzstück der Unterlassensprüfung dar. Es haben sich mehrere Fallgruppen entwickelt und sich die Unterscheidung nach **Beschützer- und Überwachergaranten** etabliert, auch wenn eine Zurodnung im Einzelfall oftmals weder eindeutig noch in der Sache erforderlich ist. In einer Person können auch beide Garantenpflichten erfüllt sein.

Zur Klarstellung: Die allgemeine Hilfspflicht nach § 323 c Abs. 1 begründet zwar eine rechtliche Pflicht, aber keine besondere Garantenpflicht nach § 13 Abs. 1.

Beispiel: Eine Mutter muss ihr sechsjähriges Kind zum einen vor Gefahren, etwa im Straßenverkehr schützen. Zum anderen muss sie aber auch verhindern, dass das Kind mutwillig fremde Fahrzeuge zerkratzt.

aa) Ein **Beschützergarant** ist dazu verpflichtet, ein Rechtsgut vor Verletzungen zu schützen. Eine derartige Pflicht ergibt sich etwa aus:

(1) Speziellen gesetzlichen Vorschriften: § 1353 Abs. 1 S. 2 a.E. BGB (Beistandspflicht unter Ehegatten) oder § 1626 Abs. 1 BGB (elterliche Sorge);

(2) Rechtlich fundierter Verbundenheit: Familienangehörige, insbesondere Verwandte in gerader Linie und Geschwister, wobei ein tatsächliches Vertrauensverhältnis bestehen muss;

(3) Enge Vertrauensverhältnisse: eheähnliche Lebensgemeinschaften, Gefahrgemeinschaften (z.B. Crew einer Segelyacht bei einer Weltumsegelung);

(4) Übernahme von Schutzpflichten aufgrund einer vertraglichen Verpflichtung oder durch faktisches Handeln.

bb) Ein **Überwachergarant** ist verpflichtet, eine Gefahrenquelle zu überwachen, um die Verletzung von Rechtsgütern zu verhindern. Ein solche Pflicht folgt etwa aus:

(1) Verkehrssicherungspflichten, die sich aus speziellen Normen (wie etwa § 31 Abs. 2 StVZO für den Kfz-Halter), der Beherrschung einer Gefahrenquelle oder einer tatsächlichen Übernahme ergeben können;

Beispiel: Geht der Halter mit seinem bissigen Hund spazieren, muss er ihn an der Leine führen, um die Gefahrenquelle „Hund" kontrollieren zu können.

(2) Pflichtwidrigem, schadensnahem Vorverhalten (Ingerenz), wobei nach h.M. ein rechtmäßiges Vorverhalten keine Garantenpflicht begründet.

Beispiel: Ein Spaziergänger wird überfallen und schießt dem Räuber zur Abwehr in Notwehr ins Bein. Der Räuber wird verbluten, wenn der Spaziergänger keinen Notruf absetzt. – Mangels Garantenpflicht verwirklicht der Spaziergänger kein vorsätzliches Tötungsdelikt durch Unterlassen, sondern nur eine unterlassene Hilfeleistung nach § 323 c Abs. 1. Dies ist überzeugend, denn aus einem rechtmäßigen Verhalten kann keine besondere Rechtspflicht folgen.

Der Unterschied der Ingerenz zur allgemeinen Verkehrssicherungspflicht liegt darin, dass letztere kein pflichtwidriges Vorverhalten voraussetzt.

(3) Ein **Betriebsinhaber** ist aufgrund seiner betrieblichen Organisationsherrschaft und Weisungsmacht verpflichtet, **betriebsbezogene Straftaten** seiner Angestellten zu verhindern.

e) Bei der **objektiven Zurechnung** kommt es darauf an, dass sich gerade das pflichtwidrige Unterlassen im Erfolg realisiert hat. Die Zurechnung kann insbesondere wegen des fehlenden Schutzzweckzusammenhangs oder einer eigenverantwortlichen Selbstschädigung ausgeschlossen sein.

Beispiel: Ein Jäger lässt sein Gewehr offen im Wohnzimmer liegen und schließt auch den Waffenschrank, in dem die Munition lagert, nicht ab. Ein volljähriger Besucher kann daher Waffe und Munition an sich nehmen und sich damit erschießen. – Keine objektive Zurechnung, wenn sich der Besucher eigenverantwortlich selbst tötet. Etwas anderes gilt aber, wenn das Unterlassen der ordnungsgemäßen Sicherung von Waffe und Munition dazu führt, dass sich Kinder selbst verletzen oder der Täter Dritte angreift.

Hinterlist, § 224 Abs. 1 Nr. 3
Heimtücke, § 211

f) Ob das **Unterlassen der Verwirklichung des gesetzlichen Tatbestandes der Verwirklichung durch ein Tun entspricht** (sog. **Entsprechungsklausel**, § 13 Abs. 1 a.E.) spielt nur bei verhaltensgebundenen Delikten eine Rolle, die beim Begehungsdelikt die Tathandlung genauer umschrieben. Bei „reinen" Erfolgsdelikten muss dies in der Klausur nicht geprüft werden.

Ist fahrlässiges Handeln mit Strafe bedroht, kommt auch ein fahrlässiges unechtes Unterlassungsdelikt in Betracht, wobei dann natürlich kein Vorsatz, sondern das fahrlässige Nichterfüllen einer Rettungspflicht zu prüfen ist.

g) Der **Vorsatz** muss sich wie üblich auf sämtliche objektiven Tatbestandsmerkmale und damit auch auf die Umstände beziehen, die eine Garantenpflicht begründen.

2. Rechtswidrigkeit

Ein unterlassungsspezifischer Rechtfertigungsgrund ist die **rechtfertigende Pflichtenkollision.** Es konkurrieren mehrere rechtlich gleichwertige **Handlungspflichten** miteinander und der Täter kann entweder nur die eine oder die andere, nicht aber beide Handlungspflichten erfüllen. Grund für die Rechtfertigung ist, dass das Recht dann nur die Befolgung einer Pflicht, aber nichts Unmögliches verlangen kann. Für die **Gleichwertigkeit** der Handlungspflichten kommt es auf die betroffenen Rechtsgüter, den Grad der drohenden Gefahr und die rechtliche Qualität der Handlungspflicht an. Liegt eine Pflichtenkollision vor, ist das Unterlassen einer Handlungspflicht gerechtfertigt, wenn der Täter die andere Pflicht erfüllt.

Beispiel: Der Vater sieht, wie seine beiden Söhne, die noch nicht sicher schwimmen können, zu ertrinken drohen. Es gelingt ihm nur einen von beiden zu retten. – Der Vater hat den Tatbestand des Totschlags durch Unterlassen verwirklicht, indem er einen Sohn nicht rettete. Er ist jedoch aufgrund einer Pflichtenkollision gerechtfertigt, weil er den anderen Sohn gerettet hat.

3. Schuld

Bei der Schuld ergeben sich keine Besonderheiten.

Von einigen wird die Unzumutbarkeit normgemäßen Verhaltens als besonderer Entschuldigungsgrund angesehen. In den diskutierten Fällen fehlt es jedoch mangels Garantenpflicht schon am Tatbestand oder an der Rechtswidrigkeit.

III. Beteiligung mehrerer Personen an einer Vorsatztat, §§ 25 ff.

Handelt eine Person unabhängig von anderen und erfüllt dabei die Merkmale eines Straftatbestandes liegt **unmittelbare Täterschaft** nach § 25 Abs. 1 Alt. 1 vor („wer die Straftat selbst ... begeht"), die nicht im Obersatz genannt oder näher erörtert wird. Wirken hingegen mehrere Personen bei der Tatbestandserfüllung zusammen, hängt die Strafbarkeit von den jeweiligen Tatbeiträgen ab. Das deutsche Strafrecht basiert bei Vorsatztaten auf einem **dualistischen Beteiligungssystem** und differenziert auf Tatbestandsebene zwischen **Täterschaft und Teilnahme**.

Bei den **Sonderdelikten** kann Täter unabhängig von seinem Tatbeitrag nur derjenige sein, der eine bestimmte Subjektsqualität aufweist. Darunter fallen z.B. die soeben erläuterten unechten Unterlassungdelikte, aber auch Amtsdelikte (z.B. § 340) oder die Untreue gemäß § 266. Andere Personen können nur Teilnehmer sein. Bevor man in die täterschaftliche Prüfung „einsteigt", ist also zumindest gedanklich kurz zu prüfen, ob die Person überhaupt die erforderliche Täterqualität hat.

1. Mittelbare Täterschaft, § 25 Abs. 1 Alt. 2

Bei der mittelbaren Täterschaft begeht der Täter die Tat **„durch einen anderen"** gemäß § 25 Abs. 1 Alt. 2 (im Obersatz nach dem Straftatbestand nennen). Voraussetzung ist, dass der Täter (der Hintermann) ein menschliches Werkzeug (den Vordermann) dazu benutzt, einen Tatbestand zu verwirklichen, ohne dass – so jedenfalls im Regelfall – sich das Werkzeug selbst strafbar macht. Der mittelbare Täter muss also zum einen ein **Strafbarkeitsdefizit des Vordermanns** zur Tatbegehung ausnutzen und zum anderen **den Vordermann beherrschen**, damit ihm die Tathandlung des Vordermanns als eigene zugerechnet wird.

Arbeiten Sie in der Klausur sauber mit den gesetzlichen Begriffen. Unter den Begriff „Beteiligte" fallen gemäß § 28 Abs. 2 Täter und Teilnehmer. Als „Teilnehmer" bezeichnet § 28 Abs. 1 Anstifter und Gehilfen.

Beispiel: T überredet seinen Bekannten B, eine Pistole auf das Opfer O zu richten. Dabei erklärt T wider besseren Wissens, die Waffe sei ungeladen und bringt B so dazu, den Abzug zu betätigen. Die im Lauf befindliche Patrone zündet und O wird getötet.

a) Strafbarkeitsdefizit des Vordermanns

Grundgedanke des Verantwortungsprinzips ist, dass derjenige, der die Tat selbst voll verantwortlich begeht, die Tat grundsätzlich selbst beherrscht, sodass eine beherrschende Stellung eines anderen – im Regelfall – nicht vorliegt. Ein Strafbarkeitsdefizit liegt jedenfalls vor, wenn der Vordermann **vorsatzlos, gerechtfertigt oder schuldlos** handelt.

Im **Beispiel** liegt bei B ein Strafbarkeitsdefizit vor, da dieser den O unvorsätzlich tötet und daher lediglich eine fahrlässige Tötung begeht.

Ob der Vordermann strafrechtlich voll verantwortlich ist, sollte in einer Klausur bei der Strafbarkeit des Vordermanns geprüft werden, wenn danach gefragt wird. Erst danach sollte die Strafbarkeit des Hintermanns erörtert werden, weil die Prüfung dann übersichtlicher ist.

b) Beherrschung durch den Hintermann

Zusätzlich muss der Hintermann eine beherrschende Stellung einnehmen, aufgrund derer er den Vordermann steuern kann. Diese Stellung ergibt sich im Regelfall aus einer **Wissens- oder Willensherrschaft**.

Im **Beispiel** überblickt nur T das Geschehen, er hat B über die Gefährlichkeit der Pistole getäuscht und ihn dadurch veranlasst, die Waffe auf O zu richten und abzudrücken. T hat damit Wissensherrschaft und ist mittelbarer Täter zum Totschlag.

Besonders umstritten sind Konstellationen, in denen der Vordermann Kenntnis davon hat, dass er in einen deliktischen Plan eingebunden ist, sich jedoch wegen des Fehlens der Täterqualität oder eines spezifischen subjektiven Merkmals als Täter nicht strafbar machen kann. Man spricht dann vom **absichtlos-dolosen** oder **qualifikationlos-dolosen Werkzeug**. Zwar unterliegt der Vordermann dann einem Strafbarkeitsdefizit, jedoch kann von einer Beherrschung durch den Hintermann tatsächlich keine Rede sein. Zur Vermeidung von Strafbarkeitslücken wird die Beherrschung dann normativ verstanden, indem auf eine rechtlich überlegene Stellung des Hintermanns abgestellt wird. Der Vordermann ist dann zugleich Gehilfe zur mittelbar täterschaftlichen Tatbegehung des Hintermanns.

c) Der Täter hinter dem Täter

In der Lit. wird diese Auffassung teilweise grundsätzlich unter Hinweis auf das Verantwortungsprinzip abgelehnt: Der Veranlasser einer voll verantwortlichen Tat ist stets nur Anstifter.

Diese Fallgruppe ist ein Ausnahmefall vom Verantwortungsprinzip, in dem mittelbare Täterschaft auch dann bejaht wird, wenn der Vordermann sich selbst strafbar macht. Die wissenschaftliche Diskussion ist umfangreich, aber die Rspr. ist einfach: anerkannte Fallgruppen sind organisierter Machtapparat (Mauerschützen) und vermeidbarer Verbotsirrtum (Katzenkönig).

2. Mittäterschaft, § 25 Abs. 2

Mittäter ist gemäß § 25 Abs. 2 (im Obersatz nennen), wer die Tat mit einem anderen **gemeinschaftlich begeht**. Durch die Zurechnungsnorm in § 25 Abs. 2 werden **den Mittätern alle Tatbeiträge der anderen Mittäter als eigene zugerechnet.** Führt ein (Mit-)Täter die Tathandlung selbst aus, ist eine Zurechnung also nicht erforderlich und es sollte auf die Nennung von § 25 Abs. 2 verzichtet werden. Dann ist die Strafbarkeit dieses „tatnäheren" Mittäters zuerst zu erörtern und sodann ist für die übrigen Mittäter gesondert zu prüfen, ob ihnen die Tathandlung zugerechnet werden kann. Mehrere Personen sollten aber zusammen geprüft werden, wenn sie durch die gleichen Handlungen den Tatbestand erfüllen oder wenn sich ihre Handlungen so ergänzen, dass diese zusammen einen bestimmten Tatbestand erfüllen.

Beispiel: A schlägt das Opfer, damit B ihm die Brieftasche wegnehmen kann. – Isoliert betrachtet begeht A eine Körperverletzung (§ 223 Abs. 1) und B einen Diebstahl (§ 242 Abs. 1). Gemeinsam begehen sie aber einen Raub in Mittäterschaft gemäß §§ 249 Abs. 1, 25 Abs. 2.

Für das **gemeinschaftliche Handeln** ist erforderlich, dass jeder Mittäter einen **Tatbeitrag auf Grundlage eines gemeinsamen Tatplans** erbringt.

Die h.M. geht wegen des Erfordernisses des gemeinsamen Tatentschlusses überzeugend davon aus, dass Fahrlässigkeitsdelikte nicht in Mittäterschaft verwirklicht werden können.

a) Der **gemeinsame Tatplan** besteht in der Willensübereinstimmung hinsichtlich der Tatbeiträge der anderen Mittäter und des eigenen Tatbeitrags. Das Einvernehmen kann auch schlüssig gefasst und während der Tatausführung spontan erweitert werden. Eine besondere gemeinsame Planung ist also nicht erforderlich. Handlungen eines Mittäters, die über den gemeinsamen Tatentschluss hinausgehen, stellen einen **Mittäterexzess** dar, und können nicht nach § 25 Abs. 2 zugerechnet werden.

Beispiel: Während A den O festhält, schlägt B wie verabredet auf O ein. Dann knallen bei B die Sicherungen durch und er ersticht O. – A und B haben mittäterschaftlich eine gefährliche Körperverletzung (§ 224 Abs. 1 Nr. 4) begangen und B hat sich noch wegen Totschlags strafbar gemacht. Die Tötungshandlung durch B ist aber nicht vom gemeinsamen Tatplan gedeckt und kann A daher nicht nach § 25 Abs. 2 zugerechnet werden.

Eine weitere Frage, die hier aber nicht weiter behandelt wird, ist, ob A sich auch wegen Körperverletzung mit Todesfolge strafbar gemacht hat.

b) Ein „klassischer" Streit besteht darin, **welche Qualität der Verursachungsbeitrag aufweisen muss.** Es geht also darum, wie die (Mit-)Täterschaft von der Teilnahme abzugrenzen ist.

aa) Die h.L. sieht nur den als Mittäter an, der aufgrund eines **wesentlichen Tatbeitrags Tatherrschaft** hat (Tatherrschaftslehre). Tatherrschaft hat derjenige, der als Zentralgestalt des Geschehens die Tatausführung nach seinem Willen hemmen oder ablaufen kann, während der Teilnehmer lediglich als Randfigur die Tatbegehung eines anderen veranlasst oder fördert. Bei Mittäterschaft kommt es vor allem darauf an, dass jeder seinen Tatbeitrag als gleichberechtigter Partner im Rahmen eines arbeitsteiligen Vorgehens erbringt.

bb) Die Rspr. geht hingegen immer noch von der **subjektiven Theorie** aus, wonach grundsätzlich **jeglicher Tatbeitrag, der mit Täterwillen** erbracht wird, für ein mittäterschaftliches Handeln genügt. Allerdings ist festzustellen, dass auch die Rspr. mittlerweile maßgeblich auf die Tatherrschaft abstellt und damit einem **Kombinationsansatz** folgt. Maßgebende Kriterien für den Täterwillen sind der **Grad des eigenen Interesses an der Tat**, der **Umfang der Tatbeteiligung** und die **Tatherrschaft** oder wenigstens der Wille dazu. Dabei hat der BGH bei einem arbeitsteiligen Vorgehen die Mittäterschaft von Personen, die nicht die Tatausführung selbst übernehmen, aber gewichtige Vorbereitungs- oder Unterstützungsleistungen erbringen, über den von der Lit. übernommenen Begriff der **„funktionalen Tatherrschaft"** begründet, ohne näher auf den Täterwillen einzugehen.

cc) In der Regel kommen die Tatherrschaftslehre und die Rspr. zum gleichen Ergebnis, auch wenn die Rspr. durch das Abstellen auf den Täterwillen etwas „flexibler" ist. Dabei ist auch nach der gemäßigten Tatherrschaftslehre keine Mitwirkung im Ausführungsstadium erforderlich, soweit der Mittäter einen wesentlichen Beitrag im Vorbereitungsstadium erbringt. Etwas anderes gilt nur nach der engen Tatherrschaftslehre, die stets einen Beitrag bei der Ausführung selbst verlangt, da sonst von Tatherrschaft keine Rede sein könne. Dagegen spricht jedoch, dass sich Mittäterschaft vor allem durch eine Arbeitsteilung auszeichnet, sodass **ein „Minus" während der Tatausführung durch ein „Plus" bei Planung und Vorbereitung der Tat ausgeglichen werden kann**.

Beispiel: C hat A und B nicht nur beauftragt, den O zu schlagen. Er hat auch ausgekundschaftet, wann ein günstiger Moment hierfür ist und A und B erzählt, wie sie am besten arbeitsteilig vorgehen. Als A wie verabredet O festhält und B zuschlägt, ist C jedoch nicht mal am Tatort. – Die enge Tatherrschaftslehre würde C's Beitrag nicht ausreichen lassen, um Mittäterschaft zu bejahen. Die h.M würde Mittäterschaft annehmen, da C die Tat maßgeblich vorbereitet und veranlasst hat.

c) Im **subjektiven Tatbestand** darf nicht vergessen werden, dass jeder Mittäter spezifische subjektive Tatbestandsmerkmale (z.B. die Absicht rechtswidriger Zueignung in § 242 Abs. 1) **selbst aufweisen muss**, da insoweit keine Zurechnung über § 25 Abs. 2 in Betracht kommt.

3. Teilnahme: Anstiftung (§ 26) und Beihilfe (§ 27)

Die Strafbarkeit des Teilnehmers ist stets abhängig von der Strafbarkeit des Haupttäters, die Teilnahme ist also **akzessorisch zur Haupttat**. Für die Klausur bedeutet dies, dass grundsätzlich immer **mit der Strafbarkeit des Haupttäters begonnen werden muss**. Nur ausnahmsweise ist eine inzidente Prüfung vorzunehmen, etwa wenn der Haupttäter verstorben ist. Weiterhin sind der jeweilige Tatbestand und die Teilnahmeform (also § 26 oder § 27 Abs. 1) im Obersatz zu nennen. Man kann sich also nicht wegen bloßer Anstiftung allein, sondern nur wegen Anstiftung **zu** einer bestimmten Tat strafbar machen.

Täter vor Teilnehmer: Die Teilnahme ist als „leichtere" Begehungsform nachrangig zu prüfen, wenn auch eine täterschaftliche Verantwortung in Betracht kommt.

Der Tatbestandsaufbau von Anstiftung und Beihilfe ähnelt sich und wird daher gemeinsam behandelt. Bei Rechtswidrigkeit und Schuld bestehen im Vergleich zum vorsätzlichen Begehungsdelikt keine Unterschiede.

Wenn die Strafbarkeit des Haupttäters bereits geprüft ist, genügt in der Klausur ein kurzer Verweis auf das Vorliegen einer entsprechenden Haupttat. Ein grober Fehler, der allerdings immer wieder gemacht wird, besteht in der Prüfung einer Teilnahme an einer Fahrlässigkeitstat.

a) Objektiver Tatbestand

aa) Grundvoraussetzung ist eine **teilnahmefähige**, also eine **vorsätzliche und rechtswidrige Haupttat**. Gemäß § 11 Abs. 2 gilt auch ein erfolgsqualifiziertes Delikt, bei dem hinsichtlich der schweren Folge Fahrlässigkeit genügt, insgesamt als Vorsatztat. Auch ein strafbarer Versuch ist eine entsprechende Haupttat.

bb) Tathandlung

(1) Tathandlung der Anstiftung ist das **Bestimmen zur Tat,** also das Hervorrufen des Tatentschlusses beim Haupttäter durch einen Kommunikationsakt. Die bloße Schaffung eines Tatanreizes genügt wegen der Strafbarkeit des Anstifters „gleich einem Täter" nach h.M. nicht. Ein bereits fest zur Tat Entschlossener kann nicht mehr angestiftet werden. Denkbar ist aber eine „Aufstiftung", wenn der Täter zunächst lediglich ein Grunddelikt begehen wollte.

Beispiel: T plant, dem O Faustschläge zu versetzen. A rät ihm, dabei einen Schlagring zu verwenden. T hält das für eine gute Idee. Mit dem Schlagring bricht er O die Nase. – T war zunächst entschlossen, eine Körperverletzung gemäß § 223 Abs. 1 zu begehen, hat dann jedoch auf den Rat des A hin eine gefährliche Körperverletzung (§ 224 Abs. 1 Nr. 2) verwirklicht. Nach h.M. hat A den T zur gefährlichen Körperverletzung bestimmt, da T vorher nicht an die Verwendung des Schlagrings dachte. Eine a.A. verweist darauf, dass T schon zur Körperverletzung und damit zu einem Teil der gefährlichen Körperverletzung entschlossen war. Daher liege keine Anstiftung, sondern lediglich Beihilfe zur gefährlichen Körperverletzung vor.

(2) Tathandlung der Beihilfe ist grundsätzlich jede Handlung, welche die **Herbeiführung des Taterfolges durch den Haupttäter objektiv fördert oder erleichtert**. Es geht um eine Unterstützung des Haupttäters durch „Rat oder Tat". Dies kann durch die Lieferung von Tatmitteln, Informationen zur Tatausführung oder auch durch die Bestärkung des Tatentschlusses geschehen.

Beispiel: T erzählt seinem Freund F, dass er unbedingt unter Verwendung eines Messers eine Tankstelle überfallen wolle. F meint: „Super Idee!" und gibt T einen Revolver, damit er noch effektiver drohen kann. So ausgerüstet setzt T seinen Plan um. – T hat einen besonders schweren Raub gemäß §§ 249 Abs.1, 250 Abs. 2 Nr. 1 begangen. F hat sowohl ein Tatmittel zur Verfügung gestellt als auch den Tatentschluss des T bestärkt und sich daher wegen Beihilfe (durch Rat und Tat) zum besonders schweren Raub gemäß §§ 249 Abs. 1, 250 Abs. 2 Nr. 1, 27 Abs. 1 strafbar gemacht.

Nach der Rspr. ist über die **Förderung** hinaus **nicht erforderlich**, dass die Hilfeleistung für den Eintritt des Erfolges in seinem konkreten Gepräge in irgendeiner Weise kausal wird. Die h.L. fordert dagegen einen kausalen Tatbeitrag des Gehilfen, der **wenigstens chancenerhöhend** für die Haupttat wirkt. Im Ergebnis bestehen keine größeren Unterschiede, wenn man bedenkt, dass etwa eine Hilfeleistung, die der Täter dann nicht nutzt, zumindest eine Verstärkung des Tatentschlusses darstellt.

Weitgehende Einigkeit besteht darüber, dass **äußerlich neutrale, insbesondere berufstypische oder alltägliche Handlungen** nicht ohne Weiteres eine Beihilfe darstellen. Der BGH bejaht eine Beihilfestrafbarkeit dann nur, wenn die Handlung der Haupttäters ausschließlich auf die Begehung einer Straftat abzielt und der Gehilfe dies **positiv weiß**. Hält er eine Straftat nur für möglich, muss der Gehilfe erkannt haben, dass ein hohes Risiko der Haupttatbegehung bestand, und sich die Förderung des erkennbar tatgeneigten Täters angelegen sein lassen.

Beispiel: Getränkelieferant L liefert an den Gastwirt G regelmäßig Bierfässer, stellt dabei ordnungsgemäße Rechnungen aus, hält es aber für möglich, dass G einen Teil des Bieres „schwarz" ausschenken und damit eine Steuerhinterziehung begehen wird. – Keine Beihilfe zur Steuerhinterziehung, da L kein sicheres Wissen über das Handeln des G hat und zudem eine Rechnung ausgestellt hat.

b) Subjektiver Tatbestand

aa) Der **Vorsatz** des Teilnehmers muss sich sowohl auf die vorsätzliche, rechtswidrige Tat des anderen als auch auf die Tathandlung des Bestimmens bzw. der Hilfeleistung beziehen.

Üblicherweise wird von einem „doppelten" Anstifter- bzw. Gehilfenvorsatz gesprochen, was jedoch überflüssig erscheint, da der Vorsatz sich ohnehin stets auf alle Merkmale des objektiven Tatbestands beziehen muss.

Unterschiede liegen im subjektiven Tatbestand der Anstiftung und Beihilfe vor allem bei der **notwendigen Vorstellung über die Haupttat** selbst. Der Teilnehmervorsatz muss sich zunächst stets auf die Ausführung einer zwar nicht in allen Einzelheiten, wohl aber in ihren **wesentlichen Merkmalen oder Grundzügen konkretisierten Tat** richten.

Der **Anstifter** muss eine bestimmte Tat, insbesondere einen bestimmten Taterfolg vor Augen haben, sodass die zukünftige Haupttat als **konkret-individualisierbares Geschehen** erkennbar ist.

Für den **Gehilfen gelten geringere Anforderungen**. Einzelheiten der Tatbegehung muss der Gehilfe nicht kennen. Nach dem BGH genügt es, wenn er dem Täter ein entscheidendes Tatmittel willentlich an die Hand gibt und damit bewusst das Risiko erhöht, dass eine durch den Einsatz gerade dieses Mittels geförderte Haupttat verübt wird.

bb) Aus dem Strafgrund der Teilnahme folgt, dass der Teilnehmervorsatz sich nicht nur formal auf die **Vollendung der Haupttat,** sondern auch auf die **tatsächliche Verwirklichung des Haupttatunrechts** beziehen muss. Relevant sind vor allem die Lockspitzelfälle.

Beispiel: Die Polizei will eine Einbruchsserie an Wohnmobilen aufklären und stellt dafür ein hochwertiges „Lock"-Wohnmobil auf einem Campingplatz auf. Der polizeiliche Lockspitzel (L) erzählt dem Tatverdächtigen T von der Möglichkeit, bei diesem Wohnmobil reiche Beute zu machen. Dabei weiß L, dass die Polizei das Wohnmobil rund um die Uhr verdeckt überwacht. T steigt durch ein Fenster in das Wohnmobil, steckt Wertsachen in einen mitgebrachten Rucksack, wird dann aber kurz nach dem Herausklettern festgenommen. – Hier liegt schon kein vollendeter Wohnungseinbruchsdiebstahl vor, da die Polizei für die Zwecke der Überführung des Täters mit der Wegnahme einverstanden war. Da L keinen Vollendungsvorsatz hatte, liegt auch keine Anstiftung zum bloß versuchten Wohnungseinbruchsdiebstahl des T vor. Ein Teilnehmervorsatz würde sogar fehlen, wenn der Wohnmobilinhaber nicht mit der Wegnahme einverstanden ist, aber der Dieb unmittelbar nach der Vollendung festgenommen werden soll, weil das Unrecht sich dann mangels dauernder Wegnahme nicht verwirklichen würde.

cc) Bei der **Teilnahme am erfolgsqualifizierten Delikt** genügt gemäß § 18, dass der Teilnehmer hinsichtlich der Verursachung der **schweren Folge fahrlässig** handelt. Der Vorsatz muss sich dann also nur auf das Grunddelikt beziehen.

dd) Deliktsspezifische subjektive Merkmale, wie die Absicht rechtswidriger Zueignung bei § 242 Abs. 1, muss der Teilnehmer nicht selbst aufweisen. Erforderlich ist aber, dass er sich vorstellt, dass der Täter diese Merkmale verwirklicht, da sonst der Vorsatz hinsichtlich der Haupttat fehlen würde.

4. Durchbrechung der Akzessorietät

Der Akzessorietätsgrundsatz der Teilnahme gilt nicht uneingeschränkt. Dies ergibt sich schon daraus, dass der Haupttäter nicht schuldhaft gehandelt haben muss, es geht also nur um eine **limitierte Akzessorietät**. Eine sehr prüfungsrelevante Durchbrechung der Akzessorietät regelt weiterhin § 28 Abs. 2, wenn **besondere persönliche Merkmale** nicht bei allen Tatbeteiligten vorliegen.

Weiterhin regelt § 28 Abs. 1 eine Akzessorietäts**lockerung**, indem die Strafe gemildert wird, wenn dem Teilnehmer ein die Strafbarkeit begründendes Merkmal des Täters fehlt. Als Strafzumessungsvorschrift ist § 28 Abs. 1 nach der Schuld zu prüfen.

a) Tatbestandsverschiebung, § 28 Abs. 2

Für **strafmodifizierende** besondere persönliche Merkmale, also solche, welche die Strafe schärfen, mildern oder ausschließen, regelt § 28 Abs. 2 eine Durchbrechung des Akzessorietätsgrundsatzes. Danach ist es möglich, dass

§ 28 Abs. 2 gilt auch bei Mittäterschaft, da von „Beteiligten" die Rede ist.

der Haupttäter aus einem bestimmten Tatbestand bestraft wird, während der Teilnehmer an einem anderen Tatbestand teilgenommen hat.

Es ist empfehlenswert, § 28 Abs. 2 als „Tatbestandsverschiebung" als letzten Punkt im Tatbestand zu prüfen.

Beispiel: T begeht eine veruntreuende Unterschlagung nach § 246 Abs. 2, zu der ihn sein Freund F angestiftet hat. – Das Anvertrautsein nach § 246 Abs. 2 ist ein strafschärfendes besonderes persönliches Merkmal, sodass F nur wegen Anstiftung zur (einfachen) Unterschlagung nach §§ 246 Abs. 1, 26 bestraft wird, wenn ihm die unterschlagene Sache selbst nicht anvertraut ist.

b) Subjektive Mordmerkmale als Anwendungsfall von § 28

Besonders klausurrelevant ist die Behandlung von **subjektiven Mordmerkmalen** (also solche der 1. und 3. Gruppe von § 211 Abs. 2), die nach h.M. besondere persönliche Merkmale sind.

Beispiel: T erschießt O aus Habgier und begeht damit einen Mord. Die Tatwaffe hat T von G erhalten, der das Motiv des T kannte.

aa) Der BGH versteht die Tötungsdelikte als **eigenständige Straftatbestände**. Demnach wirken die subjektiven Mordmerkmale **strafbegründend** i.S.d. § 28 Abs. 1. Daraus folgt, dass im Beispiel G wegen **Beihilfe zum Mord** zu bestrafen ist, wobei der Strafrahmen nach §§ 27 Abs. 2, 28 Abs. 1 doppelt zu mildern ist.

bb) In der Lit. wird dagegen einhellig der **Totschlag** nach § 212 Abs. 1 als **Grundtatbestand der Tötungsdelikte** angesehen. Der Mord ist danach eine Qualifikation, die Tötung auf Verlangen eine Privilegierung zum Totschlag. Die subjektiven Mordmerkmale wirken dann strafschärfend i.S.d. § 28 Abs. 2 und sind für den Beteiligten, der sie nicht selbst verwirklicht, irrelevant. Im Beispiel hat sich G daher nur wegen **Beihilfe zum Totschlag** strafbar gemacht.

Gegen den BGH spricht, dass die Formulierung der Tötungsdelikte noch auf der Tätertypenlehre beruht, die heute nicht mehr vertretbar ist. Zudem produziert die Anwendung des § 28 Abs. 1 Wertungswidersprüche, die der BGH dann durch eine inkonsequente Auslegung wieder „reparieren" muss.

Beispiel: A stiftet aus Habgier den T zur Tötung des O an. T weist keine subjektiven Mordmerkmale auf und verwirklicht auch keine objektiven Mordmerkmale bei der Tötung. – T macht sich wegen Totschlags strafbar. Obwohl A selbst habgierig handelt, kommt nach dem BGH unter Anwendung des § 28 Abs. 1 für A nur Anstiftung zum Totschlag in Betracht. Dieses Ergebnis soll allerdings nach dem BGH nicht gelten, wenn A und T unterschiedliche subjektive Mordmerkmale verwirklichen, sog. gekreuzte Mordmerkmale. Die Lit. kann hingegen ohne Weiteres T wegen Totschlags und A angesichts seiner Habgier wegen Anstiftung zum Mord bestrafen, da für A unter Anwendung von § 28 Abs. 2 die Haupttat zum Mord „verschoben" wird.

C. Zusammentreffen verschiedener Modifikationen

Besondere Probleme bereiten Konstellationen, in denen verschiedene Regelungen des Allgemeinen Teils, die Straftatbestände des Besonderen Teils modifizieren, zusammentreffen.

I. Versuch und Unterlassen

Eine Gegenüberstellung der verschiedenen Arten von Versuchsdelikten findet sich auf dem Poster in der Mitte dieses Überblicks.

Bei **versuchten** (unechten) **Unterlassungsdelikten** sind § 13 Abs. 1 und die „Versuchsnormen" neben dem Tatbestand des besonderen Delikts zu zitieren (z.B. „Der Täter könnte sich wegen versuchten Totschlags durch Unterlassen gemäß §§ 212 Abs. 1, 13 Abs. 1, 22, 23 Abs. 1 strafbar gemacht haben, indem er keine ärztliche Hilfe holte."). Besonderheiten gibt es beim unmittelbaren Ansetzen und beim Rücktritt.

1. Unmittelbares Ansetzen zum Versuch durch Unterlassen

Für den Versuch durch Unterlassen kann nicht auf die „Jetzt geht es los"-Formel abgestellt werden und auch der Gedanke, dass der Versuch jedenfalls dann beginnt, wenn der Täter nach seiner Vorstellung alles zur Tatbestandsverwirklichung Erforderliche getan hat, hilft nicht weiter, da der Täter schlicht untätig bleibt. Nach h.M. setzt der Unterlassende daher an, wenn er von einer Lage ausgeht, in der für das Opfer eine **unmittelbare Gefahr entsteht oder eine bestehende Gefahr erhöht** wird. Es muss also in der Tätervorstellung eine konkrete Gefahr für das zu schützende Rechtsgut vorliegen, indem er den weiteren Kausalverlauf aus der Hand gibt.

Die Gegenmeinungen, die auf das Verstreichenlassen der ersten bzw. der letzten Rettungsmöglichkeit abstellen, werden heute nicht mehr ernsthaft vertreten, sodass sich der Streit eigentlich überholt hat. Gleichwohl wird in Klausuren in der Regel erwartet, dass man das Problem zumindest kurz anreißt.

2. Rücktritt vom versuchten Unterlassungsdelikt

Beim Rücktritt vom Unterlassungsversuch differenziert die h.M. im Regelfall nicht danach, ob der Versuch beendet oder unbeendet ist. Vielmehr muss der Unterlassungstäter demnach **stets aktive Rettungsbemühungen entfalten**, also entweder die Vollendung verhindern (§ 24 Abs. 1 S. 1 Alt. 2) oder sich jedenfalls **ernsthaft hierum bemühen** (§ 24 Abs. 1 S. 2). Insoweit gelten die allgemeinen Regeln zum Rücktritt vom Versuch. Nach einer a.A. ist der Versuch solange unbeendet, wie der Täter annimmt, den Erfolg noch durch das Nachholen der ursprünglich gebotenen Rettungshandlung verhindern zu können. Gegen diese Auffassung spricht jedoch, dass der Unterlassende immer das Erfolgsabwendungsrisiko tragen muss, sodass erhöhte Anforderungen an die Rücktrittsleistung zu stellen sind.

II. Versuch und mittelbare Täterschaft

Schafft es das Werkzeug nicht, den vom Hintermann angestrebten Erfolg herbeizuführen, kommt ein versuchtes Delikt in mittelbarer Täterschaft in Betracht. Besonderheiten bestehen beim unmittelbaren Ansetzen und beim Rücktritt.

1. Versuchsbeginn

Da bei der mittelbaren Täterschaft mehrere Personen handeln, ist streitig, wann die Versuchsschwelle überschritten wird. Klar ist dabei zunächst, dass es auf die **Vorstellung des Hintermanns**, nicht auf die des Vordermanns ankommt.

Beispiel: H bittet den leichtgläubigen V darum, den O zu erschrecken. Dazu gibt H ihm eine Schreckschusspistole, die bei Schüssen aus kurzer Entfernung erhebliche Verletzungen verursachen kann. H erklärt V, es handele sich lediglich um eine harmlose Spielzeugpistole. V glaubt dem H und macht sich mit dem Auto von München auf den Weg nach Hamburg, wo O wohnt. Noch auf dem Autobahnring München stirbt V jedoch bei einem Autounfall.

a) Die engste Auffassung sieht das **Handeln von Hintermann und Vordermann als Einheit an,** sodass der Versuch demnach erst beginnt, wenn der Vordermann selbst unmittelbar zu der – nach der Vorstellung des Hintermanns – erfolgsverursachenden Handlung ansetzt (sog. Gesamtlösung).

b) Die weiteste Auffassung lässt bereits den Beginn der **Einwirkung des Hintermanns** auf den Vordermann genügen (sog. Einzellösung). Argument ist, dass in dieser Einwirkung die maßgebliche Tathandlung für den Hintermann liegt. Dadurch kann der Versuchsbeginn zeitlich sehr weit nach vorn verlagert werden, wenn der Vordermann nach der Tätervorstellung erst eine gewisse Zeit nach der Einwirkung tätig werden soll.

c) Die h.M. liegt – wie so oft bei strafrechtlichen Meinungsstreiten – zwischen diesen beiden Meinungspolen und folgt mit verschiedenen Nuancen einer sog. modifizierten Einzellösung. In der Regel soll der Versuch beginnen, wenn der Hintermann den **Geschehensablauf aus der Hand gibt**, also nach der Einwirkungshandlung den Vordermann in Richtung des anzugreifenden Rechtsguts entlässt. Etwas anderes soll nach dem BGH allerdings gelten, wenn nach der Vorstellung des Hintermanns der Vordermann nicht alsbald zur Tatausführung schreiten soll. Soll der Vordermann erst nach einer gewissen Zeitspanne oder zu einem bestimmten späteren Zeitpunkt tätig werden, genügt die Entlassung des Vordermanns noch nicht. Es fehlt dann noch an einer ausreichenden Gefahrkonkretisierung, sodass der Versuch erst mit dem unmittelbaren Ansetzen des Vordermanns beginnt.

Im **Beispiel** genügt nach der h.M. daher weder die Einwirkung auf den V noch die Entlassung des V, als dieser sich auf die Fahrt nach Hamburg macht, für das unmittelbare Ansetzen des H. Bis zu der von H ins Auge gefassten Tat liegt noch ein so großer zeitlicher und räumlicher Abstand, dass sich die Gefahr für O noch nicht ausreichend verdichtet hat, obwohl H den V in Richtung des O entlassen hat.

2. Rücktritt

Nach der überwiegenden Auffassung richtet sich der Rücktritt des mittelbaren Täters nach **§ 24 Abs. 2**, obwohl es streng genommen im Regelfall nur einen Beteiligten gibt, da der Vordermann ja gerade kein Täter oder Teilnehmer ist. Grundsätzlich ist daher als Rücktrittsleistung eine Erfolgsverhinderung bzw. ein ernsthaftes Bemühen zur Erfolgsverhinderung erforderlich.

Im **Beispiel** wäre der Versuch fehlgeschlagen, wenn H Kenntnis vom Unfall erlangt hätte. Ansonsten hätte H noch durch ernsthafte und freiwillige Bemühungen, etwa durch eine Warnung des O oder die Einschaltung der Polizei, zurücktreten können.

Ausnahmsweise soll der mittelbare Täter auch ohne aktive Bemühungen zurücktreten können, wenn er davon ausgeht, die Einwirkung auf den Vordermann genüge noch nicht dafür, dass dieser zur Tatausführung schreitet.

III. Versuch und Mittäterschaft

Versuchte Delikte können auch in Mittäterschaft begangen werden. Da über § 25 Abs. 2 keine subjektiven Merkmale zugerechnet werden, muss jeder Mittäter den Tatentschluss zur gemeinschaftlichen Verwirklichung des Delikts gefasst haben. Besonderheiten bestehen wiederum beim Versuchsbeginn und beim Rücktritt.

1. Versuchsbeginn

Ist noch kein unmittelbares Ansetzen zu bejahen, kommt eine Strafbarkeit wegen Verbrechensverabredung (§ 30 Abs. 2 Alt. 3) in Betracht.

a) Nach der **Einzellösung** ist jeder Mittäter einzeln zu betrachten, d.h. er muss selbst die Versuchsschwelle überschreiten oder im Versuchsstadium zumindest einen Tatbeitrag erbringen. Diese Auffassung beruht auf der – oben bereits abgelehnten – Vorstellung, dass eine Mitwirkung im Ausführungsstadium für die Mittäterschaft erforderlich ist.

b) Die h.M. lässt es im Sinne einer **Gesamtlösung** ausreichen, dass nur ein Mittäter unmittelbar zur Tat ansetzt. Dafür spricht, dass es bei § 25 Abs. 2 um die Zurechnung von Tatbeiträgen eines gemeinsamen Tuns geht. Daher kann auch ein Handeln nur eines Mittäters, das als unmittelbares Ansetzen zu qualifizieren ist, den übrigen Mittätern zugerechnet werden.

Beispiel: A und B legen sich an verschiedenen Zufahrtsstraßen auf die Lauer, weil sie verabredet haben, den O zu töten, der entweder die eine oder die andere Straße befahren wird. – Wenn A auf den vorbeifahrenden O schießt, führt die Gesamtlösung dazu, dass durch sein unmittelbares Ansetzen auch B die Versuchsschwelle überschreitet.

2. Rücktritt

Da der Rücktritt ein **persönlicher** Strafaufhebungsgrund ist, sind die Rücktrittsvoraussetzungen für jeden Mittäter einzeln zu prüfen. Wirken mehrere Mittäter am Tatort zusammen, richtet sich der Rücktritt nach **§ 24 Abs. 2**. Für denjenigen Mittäter, der die unmittelbare Tatausführung allein übernimmt, ist dagegen ein Rücktritt auch nach § 24 Abs. 1 S. 1 Alt. 1 möglich, sodass er beim unbeendeten Versuch schon durch die Aufgabe der weiteren Tat zurücktreten kann. Nach h.M. können allerdings auch mehrere Mittäter am Tatort „gemeinsam" im Fall des unbeendeten Versuchs durch ein freiwilliges Abstandnehmen von der Tat zurücktreten.

IV. Versuch und Anstiftung

Möglich ist die Anstiftung zum Versuch und die versuchte Anstiftung. Besonderheiten ergeben sich jeweils beim Tatbestand und Rücktritt.

1. Anstiftung zur versuchten Haupttat

Im objektiven Tatbestand ist zu beachten, dass auch eine **rechtswidrige Versuchstat** eine teilnahmefähige Haupttat ist. Im subjektiven Tatbestand genügt es jedoch nicht, dass der Anstifter meint, der Täter werde die Tat nur versuchen. Erforderlich ist vielmehr, dass der **Anstifter mit Vollendungsvorsatz handelt**, auch wenn der Haupttäter die Tat letztlich nicht vollenden konnte.

Siehe dazu bereits den Fall zum Lockspitzel oben S. 35.

Für den Rücktritt des Anstifters gilt § 24 Abs. 2. Er muss also die Vollendung verhindern oder sich jedenfalls ernsthaft hierum bemühen.

2. Versuchte Anstiftung zum Verbrechen, § 30 Abs. 1

Nach § 30 Abs. 1 ist die **versuchte Anstiftung zu einem Verbrechen** (§ 12 Abs. 1) strafbar. Die versuchte Anstiftung zu einem Vergehen ist daher nur in Verbindung mit einer Sondervorschrift (z.B. § 159) strafbar. § 30 ist ähnlich wie §§ 26, 27 eine Zurechnungsnorm, sodass sie immer mit dem entsprechenden Straftatbestand zusammen geprüft werden muss.

Die Annahme eines Erbietens (§ 30 Abs. 2 Alt. 2) ist eine besondere Form der versuchten Anstiftung. Wer anbietet, ein Verbrechen zu begehen, macht die Begehung des Verbrechens davon abhängig, dass das Angebot angenommen wird. Die Annahme des Angebots stellt daher ein Bestimmen dar.

Beispiel: A bietet T für die Tötung des O 50.000 €. T willigt zunächst ein und lässt sich 20.000 € Vorschuss zahlen. Er bekommt dann aber doch Bedenken, nimmt von der Tat Abstand und informiert die Polizei.

Der Obersatz könnte z.B. lauten: „A könnte sich wegen versuchter Anstiftung zum Totschlag gemäß §§ 212 Abs. 1, 30 Abs. 1 strafbar gemacht haben, indem er T Geld für die Tötung des O anbot." Die Prüfung ist an den Aufbau des versuchten Begehungsdeliktes angelehnt, sodass nach dem Obersatz kurz festzustellen ist, dass keine erfolgreiche Anstiftung vorliegt.

a) Tatbestand

Der **Tatentschluss** muss sich auf die Begehung eines hinreichend konkretisierten Verbrechens beziehen, also auf die vorsätzliche rechtswidrige Verbrechens-Tat eines anderen. Weiterhin muss der Anstifter sich vorstellen, beim ins Auge gefassten Täter den Tatentschluss hervorzurufen.

Beim **unmittelbaren Ansetzen** wird ähnlich wie bei der mittelbaren Täterschaft überwiegend vertreten, dass neben dem Ansetzen zum Kommunikationsakt des Bestimmens der Auffordernde den Kausalverlauf aus der Hand gegeben haben muss.

Im **Beispiel** beginnt der Anstiftungsversuch daher noch nicht, wenn A sagt: „Lieber T, ich biete dir 50.000 € für die Tötung des ...", sondern erst, wenn er T alles mitgeteilt hat, was für die Tatausführung erforderlich ist.

b) Rücktritt

Der Rücktritt von der versuchten Anstiftung ist in § 31 Abs. 1 Nr. 1 speziell geregelt. Danach muss der Täter beim unbeendeten Versuch den **Versuch aufgeben**. Beim beendeten Versuch muss er die **Gefahr, dass der andere die Tat begeht, abwenden**. Es kann jedoch auch ausreichen, wenn er sich **freiwillig und ernsthaft bemüht, die Tat zu verhindern**, § 31 Abs. 2.

V. Versuch und Beihilfe

Die versuchte Beihilfe ist, wie sich im Umkehrschluss aus § 30 ergibt, straflos. Strafbar ist daher **nur die Beihilfe zum Versuch**. Insoweit gelten die zur Anstiftung zum Versuch dargestellten Regeln entsprechend.

VI. Beteiligung beim Unterlassungsdelikt

1. Unterlassen und Mittäterschaft

a) Gemeinschaftliche Verwirklichung eines Unterlassungsdelikts

Vereinbaren mehrere Handlungspflichtige bzw. Garanten gemeinsam, ihren Handlungspflichten nicht nachzukommen bzw. den Erfolg nicht abzuwenden, ist grundsätzlich **jeder von ihnen Unterlassungstäter**, sodass eine Zurechnung nach § 25 Abs. 2 nicht erforderlich ist. Etwas anderes gilt, wenn mehrere nur gemeinsam den Erfolg abwenden oder der Handlungspflicht nachkommen können.

b) Mittäterschaft durch Unterlassen neben Aktivtäter

Problematisch sind Konstellationen, in denen der Täter mit seinem Mittäter verabredet, dessen Begehungsdelikt nicht zu verhindern.

Beispiel: Der Vater hindert nach Absprache mit der Mutter diese nicht daran, das Kleinkind zu schlagen.

Das Problem der Beteiligung durch Unterlassen eines Garanten stellt sich auch, wenn keine Verabredung zwischen dem Unterlassenden und dem Aktivtäter stattgefunden hat. Also z.B., wenn der Vater untätig zuschaut, wie ein beliebiger Dritter das Kind schlägt.

Teilweise wird argumentiert, dass es einer Mittäterschaft nicht bedarf. Der Täter begehe ein Unterlassungsdelikt in unmittelbarer Täterschaft, weil es gleichgültig sei, ob der Erfolg durch einen anderen Begehungstäter oder eine andere Ursache herbeigeführt werde. Bei der Unterlassungstat sei nicht die Tatherrschaft im Sinne einer aktiven Beherrschung maßgeblich, sondern die Verletzung der Garantenpflicht. Die Rspr. meint, der Unterlassende könne in solchen Fällen nur Mittäter sein, wenn er Täterwillen habe. Vielfach wird aber auch nur eine Beihilfe zur Tat des Aktivtäters angenommen, da der Unterlassende keinen wesentlichen Tatbeitrag erbringe und daher keine Tatherrschaft habe.

2. Unterlassen und Anstiftung

a) Anstiftung durch Unterlassen

Unter Hinweis auf die **erforderliche Kommunikationsbeziehung** zwischen Anstifter und Haupttäter wird die Möglichkeit einer Anstiftung durch Unterlassen überwiegend grundsätzlich abgelehnt. Nach a.A. soll es genügen, dass der Unterlassende verpflichtet ist, mit dem Täter zu kommunizieren, um die Entstehung des Tatentschlusses zu verhindern.

b) Anstiftung zum Unterlassen

Ein vorsätzliches rechtswidriges Unterlassungsdelikt ist eine teilnahmefähige Haupttat, sodass derjenige, der den Unterlassungstäter überredet, seiner Handlungs- oder Erfolgsabwendungspflicht nicht nachzukommen, Anstifter ist. Eine Garantenstellung muss der Anstifter nicht haben, da für ihn eine Begehungstat vorliegt. Nach neuer Rspr. des BGH ist die Garantenpflicht ein **besonderes persönliches Merkmal** i.S.d. § 28 Abs. 1.

3. Unterlassen und Beihilfe

a) Beihilfe durch Unterlassen

Es liegt zumindest eine Beihilfe durch Unterlassen vor, wenn der Garant das Begehungsdelikt eines anderen nicht verhindert. Durch Unterlassen kann nach allgemeiner Ansicht der Überwachergarant auch Hilfe leisten, der nicht verhindert, dass die zu überwachende Person eine Beihilfe begeht.

Beispiel: Der Vater V verhindert es nicht, dass sein 10-jähriger Sohn dem T einen Stock reicht, obwohl V weiß, dass T mit dem Stock den O schlagen wird.

b) Beihilfe zum Unterlassen

Eine Beihilfe zum Unterlassungsdelikt als vorsätzliche rechtswidrige Tat eines anderen ist nur denkbar durch Bestärken des Tatentschlusses.

D. Konkurrenzen

Hat der Täter mehrere Straftatbestände oder einen Tatbestand mehrfach verwirklicht, kann ein **Konkurrenzverhältnis** zwischen den einzelnen Gesetzesverletzungen bestehen. Das Gesetz unterscheidet zwischen **Tateinheit** (§ 52 – auch Idealkonkurrenz genannt) und **Tatmehrheit** (§ 53 – auch Realkonkurrenz genannt). Für das strafrechtliche Gutachten spielt noch die Gesetzeskonkurrenz eine Rolle, die auch als „unechte" Konkurrenz bezeichnet wird. Konkurrenzen sind in der Klausur spätestens im Rahmen des Gesamtergebnisses anzusprechen, teilweise bietet sich auch schon eine „Abschichtung" am Ende der jeweiligen Tatkomplexe an.

Der Unterschied zwischen Tateinheit und Tatmehrheit ist für die Strafzumessung von Bedeutung. Bei Tateinheit wird gemäß § 52 Abs. 1 nur auf eine Strafe erkannt. Wie dann der Strafrahmen bestimmt wird, ist in § 52 Abs. 2 geregelt. Bei Tatmehrheit wird für jede Tat eine Einzelstrafe und aus diesen Einzelstrafen dann nach Maßgabe des § 54 eine Gesamtstrafe gebildet. Die Strafzumessung müssen Sie in der Klausur jedoch nicht darstellen.

Der Täter kann nur dann durch eine Handlung dasselbe Strafgesetz mehrfach verletzen, wenn verschiedene Opfer betroffen sind. Verletzt er dasselbe Opfer mit mehreren Verhaltensweisen, die als natürliche Einheit zu betrachten sind, handelt es sich nur um eine Tatbestandsverwirklichung und damit nicht um ein Konkurrenzproblem.

Beispiel: Schlägt T mehrfach hintereinander auf O ein, begeht er nur eine Körperverletzung. Schlägt er direkt hintereinander zwei Opfer, macht er sich wegen zweifacher, tateinheitlicher Körperverletzung strafbar.

Verletzt eine Handlung nicht höchstpersönliche Rechtsgüter verschiedener Personen, liegt dennoch nur eine Gesetzesverletzung vor. Auch dann gibt es keine Konkurrenzfragen.

Beispiel: T entwendet mithilfe eines Gabelstaplers eine Palette mit Waren und lädt diese auf seinen LKW. Die Waren gehören 20 verschiedenen Eigentümern. – Es liegt nur eine Handlung und damit auch nur ein Diebstahl vor, obwohl mehrere Personen betroffen sind.

Bei den Konkurrenzen herrscht bei vielen Studierenden oftmals Verwirrung, was teilweise daran liegt, dass die Begrifflichkeiten nicht immer einheitlich verwendet werden. Wenn man festgestellt hat, dass überhaupt mehrere Gesetzesverletzung vorliegen, ist die (gedankliche) Prüfungsreihenfolge jedoch denkbar einfach:

Mehrere Gesetzesverletzungen

1.	Handlungseinheit?	Nein →	Handlungsmehrheit
	↓ Ja		↓ Ja
2.	Gesetzeskonkurrenz? – Spezialität – Subsidiarität – Konsumtion		Gesetzeskonkurrenz? – Mitbestrafte Vortat – Mitbestrafte Nachtat
	↓ Nein		↓ Nein
Ergebnis:	Tateinheit, § 52 StGB		Tatmehrheit, § 53 StGB

I. Handlungseinheit

Bei Handlungseinheit verwirklicht der Täter die Gesetzesverletzungen durch „dieselbe Handlung". Es werden drei Arten unterschieden.

1. Handlung im natürlichen Sinn

Hier führt eine einzige Willensbetätigung zu einer einzigen Körperbewegung (positives Tun) oder einer pflichtwidrigen Nichtbetätigung (Unterlassen).

Beispiel: T fährt aus Unachtsamkeit über eine rote Ampel und kollidiert mit einem anderen Wagen. Der Fahrer dieses Wagens stirbt, der Beifahrer wird verletzt.

2. Natürliche Handlungseinheit

Bei der natürlichen Handlungseinheit werden mehrere Handlungen im natürlichen Sinn zu einer Handlung verbunden. Dies ist der Fall, wenn im Wesentlichen gleichartige, strafrechtlich erhebliche Betätigungen von einem einheitlichen Willen getragen sind und zwischen ihnen ein derart enger räumlicher und zeitlicher Zusammenhang besteht, dass sich das gesamte Handeln auch aus Sicht eines Dritten als **einheitliches zusammengehöriges Tun** darstellt.

Beispiel: T bricht unmittelbar hintereinander drei verschiedene Pkw auf, die auf der Straße nebeneinander parken, um jeweils Wertsachen zu entwenden. – Es handelt sich um mehrere Körperbewegungen, die jedoch zur natürlichen Handlungseinheit zusammengefasst werden können, da T sie innerhalb eines Geschehens und aufgrund eines Tatentschlusses vorgenommen hat. Der BGH bejaht daher eine natürliche Handlungseinheit. Es liegen auch anders als im Paletten-Fall (vgl. S. 41) mehrere Gesetzesverletzungen, und nicht nur ein Diebstahl vor, da T vor der Wegnahme jeweils den Pkw aufbrechen muss und damit einen neuen Rechtsgutsangriff begeht.

3. Rechtliche Handlungseinheit

Hier werden mehrere Handlungen im natürlichen Sinne aus rechtlichen Gründen zu einer Handlung verbunden. Dies ist z.B. der Fall beim Raub, wo die Kombination aus Zwangsanwendung und Wegnahme den Tatbestand des § 249 Abs. 1 erfüllt. Teilweise wird auch die „Verklammerung" mehrerer Handlungen durch ein Dauerdelikt hierunter gefasst.

II. Handlungsmehrheit

Liegt keine Handlungseinheit vor, ist zwangsläufig Handlungsmehrheit gegeben.

III. Gesetzeskonkurrenz

Die Fallgruppen überschneiden sich teilweise. Häufig liest man in der Praxis schlicht: „Der Tatbestand … tritt zurück."

Nach der Feststellung, ob Handlungseinheit oder Handlungsmehrheit vorliegt, ist zu prüfen, ob bestimmte Gesetzesverletzungen **im Wege der Gesetzeskonkurrenz zurücktreten.** Die zurücktretenden Gesetzesverletzungen sind dann in der Praxis für den Schuldspruch und in der Klausur bei der Feststellung des Gesamtergebnisses irrelevant.

1. Gesetzeskonkurrenz bei Handlungseinheit

Bei Handlungseinheit sind folgende Arten der Gesetzeskonkurrenz möglich. Treten bestimmte Gesetzesverletzungen nicht zurück, handelt es sich um ein „echtes" Konkurrenzverhältnis und die Gesetzesverletzungen stehen dann in **Tateinheit gemäß § 52** zueinander.

a) Spezialität

Spezialität ist dadurch gekennzeichnet, dass der speziellere Tatbestand alle Merkmale des allgemeineren Tatbestands enthält und mindestens ein weiteres Merkmal hinzufügt. Der allgemeinere Tatbestand ist also **immer mitverwirklicht** und tritt dann zurück.

Beispiel: Jeder Raub enthält einen Diebstahl, sodass der Diebstahl stets mitverwirklicht ist und zurücktritt.

Dieses Beispiel macht deutlich, dass Gesetzeskonkurrenzen nicht erst am Ende eines Gutachtens relevant sind. Sie können bereits dazu führen, dass zurücktretende Tatbestände entweder gar nicht erwähnt werden oder nur kurz festgestellt wird: „Der zugleich verwirklichte Tatbestand … tritt zurück."

b) Subsidiarität

Viele Delikte enthalten eine **formelle Subsidiaritätsklausel** (z.B. § 246 Abs. 1: „wenn die Tat nicht in anderen Vorschriften mit schwererer Strafe bedroht ist"), sodass sie neben schwereren Delikten keine Anwendung finden.

Die **materielle Subsidiarität** ergibt sich aus dem Sinnzusammenhang der jeweiligen Gesetzesverletzungen und beruht allgemein auf dem Gedanken, dass leichte Formen der Unrechts hinter schweren Begehungsformen zurücktreten.

Beispiele: Verletzungsdelikte verdrängen Gefährdungsdelikte (z.B. § 212 verdrängt § 221 Abs. 1 Nr. 1); Tötungsdelikte verdrängen Körperverletzungsdelikte, die lediglich „Durchgangsstadium" zur Tötung sind; Täterschaft verdrängt Teilnahme

c) Konsumtion

Hier ist ein Tatbestand zwar nicht zwingend in einem anderen enthalten, wird aber typischerweise zusammen mit einem schweren Tatbestand verwirklicht. Der Unrechtsgehalt dieser **typischen Begleittaten** wird dann schon durch die „Haupttat" hinreichend abgebildet.

Beispiel: T bricht in ein Ferienhaus ein, beschädigt dabei das Fenster und stiehlt Wertgegenstände. – Er verwirklicht im Rahmen einer natürlichen Handlungseinheit einen Wohnungseinbruchsdiebstahl nach § 244 Abs. 1 Nr. 3, eine Sachbeschädigung nach § 303 Abs. 1 und einen Hausfriedensbruch nach § 123 Abs. 1. Der Hausfriedensbruch ist typische Begleittat des § 244 Abs. 1 Nr. 3. Die Sachbeschädigung hat dagegen einen eigenständigen Unrechtsgehalt, da Einbruchsdiebstähle auch ohne Beschädigung begangen werden können und häufig unterschiedliche Rechtsgutträger betroffen sind.

2. Gesetzeskonkurrenz bei Handlungsmehrheit

Bei der Handlungsmehrheit treten **mitbestrafte Vor- und Nachtaten** zurück. Grundgedanke ist, dass eigenständige Handlungen, die lediglich der Vorbereitung der „Haupttat" oder der Verwertung der durch sie erlangten Vorteile dienen, durch die Verwirklichung des Unrechts der „Haupttat" konsumiert werden. Treten bestimmte Gesetzesverletzungen nicht zurück, liegt **Tatmehrheit gemäß § 53** vor.

Beispiel: T will in die Villa des O einbrechen, um dort zu stehlen. Dazu schleicht er zunächst montags auf das eingezäunte Außengelände, um die Sicherungsvorrichtungen auszukundschaften. Unter Nutzung dieser Information begeht er am Wochenende den Wohnungseinbruchsdiebstahl. – Es liegen mehrere Gesetzesverletzungen (§ 123 Abs. 1 am Montag und § 244 Abs. 1 Nr. 3, Abs. 4 am Wochenende) und zwei Handlungen vor, sodass Handlungsmehrheit gegeben ist. Der Hausfriedensbruch diente jedoch lediglich der Durchführung des folgenden schweren Wohnungseinbruchsdiebstahls und tritt daher als mitbestrafe Vortat zurück.

RÜ+RÜ2
Ihre Examensfälle von morgen
RechtsprechungsÜbersicht
RÜ
Rechtsprechungs Übersicht
Ihre Examensfälle von morgen
Alpmann Schmidt
RÜ2
Rechtsprechungs Übersicht 2
Das Plus für Referendare
Alpmann Schmidt
RÜ und RÜ2 (Kombiausgabe)
▪ Aktuelle Rechtsprechung von ausbildungserfahrenen Praktikern
▪ Aufbereitet wie der praktische Aufgabenteil in der Examensklausur
▪ Speziell in der RÜ2: Aufgabenstellungen aus gerichtlicher, staatsanwaltlicher, behördlicher und anwaltlicher Sicht musterhaft gelöst
Infos unter www.alpmann-schmidt.de
RÜ2
Das Plus für Referendare
Alpmann Schmidt